中国儿童出版产业创新机制研究

盛春媛 著

中国海洋大学出版社

·青岛·

图书在版编目(CIP)数据

中国儿童出版产业创新机制研究/盛春媛著. -- 青岛:中国海洋大学出版社,2019.4

ISBN 978-7-5670-2344-4

Ⅰ. ①中… Ⅱ. ①盛… Ⅲ. ①少年儿童－图书－出版业－产业发展－研究－中国 Ⅳ. ①G239.2

中国版本图书馆 CIP 数据核字(2019)第 168234 号

出版发行	中国海洋大学出版社				
社　　址	青岛市香港东路 23 号		邮政编码	266071	
出 版 人	杨立敏				
网　　址	http://pub.ouc.edu.cn				
电子信箱	184385208@qq.com				
责任编辑	付绍瑜		电　　话	0532-85902533	
印　　制	日照日报印务中心				
版　　次	2019 年 4 月第 1 版				
印　　次	2019 年 4 月第 1 次印刷				
成品尺寸	170 mm ×230 mm				
印　　张	10				
字　　数	221 千				
印　　数	1～1 000				
定　　价	45.00 元				

目　录

第 1 章

研究目的和意义

1.1 选题背景与研究意义

1.1.1 问题的提出

儿童的健康成长不仅关系到每个家庭的幸福,更关系到国家未来的发展。中国的儿童约有 3.67 亿,做好对他们的教育和培养功在千秋万代。儿童出版产业与儿童阅读、儿童教育密切相关,因此儿童出版产业的社会责任之重不言而喻。作为文明交流的重要载体和文化传播的重要途径,中国少儿图书出版业肩负着文化传承、教育启蒙和国际传播等多重功能。尤其经过改革开放 40 年的发展,中国少儿出版涌现出一批批丰富多彩的作品,支撑中国少儿图书市场持续迎来黄金期,我国青少年读者的阅读需求得到很大满足。事实上,近年来,中国乃至全世界的儿童出版产业都是整个出版行业中品种和数量发展最快、最有活力和潜力、竞争也最激烈的板块,是提升最明显的一支力量。进入 21 世纪以来,我国少儿图书出版也随之进入一个繁荣发展的黄金阶段。在经历了持续多年的高速发展之后,2017 年,中国童书市场规模已经位居世界第二,仅次于美国;而 47.6 万种的童书品种数量已超过美国,位居世界第一。北京开卷信息技术有限公司(以下简称"开卷")2018年 1 月发布的《2017 年中国图书零售市场报告》显示,无论在美国还是中国,少儿市场依旧是市场增长的主要拉动力量。美国的儿童图书 2005 年占美国图书市场的比重为 25.23%,2017 年该比例已经增长为 36.47%。2017 年中国图书销售市场品种规模为 189.36 万种,新书品种为 20.40 万,其中三分之一以上来自童书市场。儿童图书占图书零售市场的码洋比重达到 24.64%,动销品种为 25.93 万,参与出版社为 556 家,市场领先社前 10 种童书贡献率从 2014 年的 4.84% 增长到 2017 年的 10.32%,依旧是图书销售市场增长贡献最大的细分类别。由京东图书文娱业务部与开卷信息技术有限公司成立的阅读与产业发展联合研究院(简称京开研究院)推出的童书市场年度报告显示,2018 年京东童书的销售增速超过京东图书市场整体增速。在全国图书市场增速整体放缓的情况下,童书的销量却一直保持较高增速,不得不说是图书市场的一抹亮点。开卷监测到的 2018 年前三个季度的数据也反映了同样现象,即少儿类图书规模同比增速超过图书市场整体同比增速。

2018 年,童书占据了整体图书市场 24.5% 的销售规模,排名第一,销售规模占比和销售册数占比较之 2017 年分别上升了 1.6 和 0.6 个百分点。童书新书定价平均上涨 17.8%。在 556 家参与少儿图书出版的出版社中,中小型少儿出版社占比较大,还有相当多的非专业少儿出版机构纷纷涉足这一领域。在作为图书销售主力军的电商平台上,童书的表现同样亮眼。2018 年初,当当网公布了近 5 年当当童书市场的数据报告——在连续 5 年码洋增速超 35% 的基础上,2017 年更是实现了 60% 的高速增长,总销量达 4.1 亿册。京东图书文娱部公布的 2017 年度图书盘点报告也显示,童书在 2015 年最受读者欢迎的图书品类中排名第四,2016 年为第二名,2017 年冲上榜首成为最受读者欢迎的图书。尤其是近几年,在新技术、新概念的冲击下,儿童出版产业和其他出版产业一样一路高歌向前。跨界融合、数字出版、IP 经济、按需印刷、知识付费、区块链……出版的渠道和方式层出不穷;异业合作、资本运作、无人书店、智慧书城、体验经济……童书的经营方式与时俱进。见表 1-1。

表 1-1　市场领先社 TOP10 中的少儿图书贡献大幅提升

年度	2014 年	2015 年	2016 年	2017 年
比例	4.84%	6.23%	9.73%	10.32%

童书出版为何能取得这样的好成绩?社会各界从不同角度给出解读。禹田文化传媒董事长安洪民认为,国家二孩红利是其中最重要的一个原因,童书市场的目标群体——孩子越来越多,知识水平较高、注重亲子阅读的年轻一代父母也在增多,整个市场自然会跟着水涨船高。中国作家协会儿童文学委员会委员刘海栖则归结出四条主要原因:一是国家和社会的推动起了重要的作用,二是儿童文学作家创作水准日益提高,三是阅读推广活动不断普

及，四是出版社的市场能力得到了极大提升。中国作家协会儿童文学委员会委员刘海栖（2018）预言："可以说，没有市场就不会有童书出版的今天。随着各方面工作的开展和成熟，童书出版的前景将更加光明……"

　　然而，童书市场繁荣发展背后所隐藏的问题也不容忽视。有数据显示，从 2014 年 1 月到 2017 年 10 月，全国的图书品种中每年有 34.5% 年销量少于 5 本。不少童书质量堪忧，为了抓住孩子猎奇心理，书中往往充斥着恶搞、暴力、色情等内容，如白雪公主和七个小矮人到底是怎样的关系、青蛙王子和公主如何"过夜"这样暧昧不清的文字，影响青少年树立正确的世界观和人生观。有些书定价贵得离谱，书店里定价在三位数的书籍不在少数，消费者只能"望而却步"。出版物质量不一，家长面对琳琅满目的图书销售平台无所适从。在经历了将近 40 年的高速增长之后，中国儿童出版产业不能在盲目扩大规模、粗放经营的轨道上继续走下去，应该深度挖掘童书供给当前存在的问题，向高质量、内涵式、可持续发展转向。

　　目前国内童书出版市场主要问题可以归纳如下。第一，选题雷同，同质化现象严重。以教育为主题的唐诗、宋词、民间故事、寓言、童话故事等类图书在市场上层出不穷，这些图书内容雷同，解读方式相似，抄袭成风，或者直接改头换面，以次充好，造成大量资源浪费。人民教育出版社报刊社副社长王林曾主持深圳市爱阅公益基金会与国家图书馆数据中心合作的《中国小学图书馆基本配备书目》研制项目。在选择图书的过程中，他却发现中国童书出版市场一个怪现象：许多书会有许多版本，在一家主营图书的网站搜"小王子"，就会出现 4 713 种；甚至出现一本书拆分为二、为三，或者换了一个书名，但实际上内容是差不多的；或者砍掉首章和尾章组合成一本新书。童书的品质提升让消费者有了非常大的选择范围，但是跟风出版、重复出版也非常严重。

　　第二，忽视"儿童本位"。中国拥有悠久的教育传统，中国的儿童文学自古以来就本着"文以载道"和"寓教于乐"的精神，非常重视故事的教化作用。许多儿童文学作品"成人本位"倾向严重，忽略了儿童作品应有的趣味性和娱乐性。

　　第三，童书的准入门槛不高，部分出版商片面追求速度和经济效益，粗制滥造，图书审查把关不严，整体质量不高。出版市场抢夺畅销书作家、快写快出之风大行其道，有的作者或者工作室一年出几十种乃至上百种书。匆忙上市的图书有的主题分散、牵强附会；有的文理不通、胡拉硬扯；有的错字别字连篇、标点使用混乱；更有甚者三观不正、误导儿童。新浪曾经报道，国家新闻出版总署图书司公布的"全国少年儿童图书质量专项检查"结果显示86种图书不合格。某丛书竟然犯了常识性错误，把本该生存在沙地草原的狮子想当然地"搬家"到茂密的热带雨林。2018年3月，国际儿童读物联盟中国分会主席、中国少年儿童新闻出版总社社长李学谦在《中国出版传媒商报》上刊文《少儿出版要慢下来，好起来》，他认为中国的童书出版市场应该由高速增长向高质量增长转变，应该有更多、更好的原创作品出现，向世界呈现出中国少儿出版的品牌作家、品牌作品，推动中国少儿出版实现质量变革、效率变革、动力变革。

第四，很多出版社盲目跟风，为了经济利益良莠不分地盲目大量引进国外作品，有些作品内容主题消极、内容混乱、质量低劣，对世界观、人生观正在形成期的儿童造成误导。

第五，我国本土儿童图书原创力依旧不足。经历了"黄金十年"后，中国少儿出版已经完成了由"中国加工"向"中国制造"的转变，原创能力大大增强。据开卷公司监测，2016年零售市场少儿图书动销品种为15.28万种，其中本土原创图书占63%。以原创图画书为例，我国最近几年原创图画书在图文结合方式、创作理念等方面颇有进步，作品类型、艺术形式、思想主题等日益多元，原创力大大提升。与21世纪初引进版童书几乎占据图书销售排行TOP10的情况相比，原创少儿图书与引进版的差距已经大大缩小，国际竞争力取得长足进步。

然而，我们也必须看到，中国童书原创作品创新性尚需经受时代的考验，实现长期可持续发展。自晚清起，西学东渐，中国文学创作就在不断追随、模仿西方。王家勇（2014）在《关于童书的原创性思考》中如是说：拿文学史公认的原创性极强的先锋探索性儿童文学思潮而言，无论梅子涵、曹文轩、班马等大能多么努力，无论《在路上》《云雾中的古堡》《鱼幻》等作品多么标新立异，他们的童书原创不也始终是成人先锋文学的附庸吗？而成人先锋文学又是西方现代派的忠诚拥护者……这种以模仿和追随西方文化模式为主的原创性是不具强劲生命力的。事实上，我国目前童书出版商往往急功近利，或只把目光放在畅销主题上，或盲目模仿抄袭西方，对新主题和视角挖掘不够。"新瓶装旧酒"比比皆是，选题、内容及表达形式创新不足。

　　第六,版权混乱仍然存在,童书出版机构的版权引进与输出比例失衡。中国少年儿童新闻出版总社原社长海飞(2005)指出,改革开放以来,少儿读物引进多,输出少,贸易逆差达到 48∶1。引进的外版书俨然是中国图书市场的"武林盟主"。中国整体版权贸易逆差比例是 10∶1,而在少儿出版领域,比例无疑更让人震惊。对于中国的少儿出版版权贸易而言,版权贸易的逆差问题是客观的问题,也是长时间内存在的问题。2014—2016 年引进版少儿图书市场码洋比重和动销品种均呈上升趋势,2014 年引进版少儿图书码洋占总体少儿市场的 34.13%,到 2016 年比重上升到 41.20%。与此同时,动销品种数也呈稳步上升趋势,在 2014 年动销的近 19 万种少儿类图书中,引进版图书的比重占到 26.46%;到 2016 年,少儿类图书的动销品种超过了 24 万种,其中引进版图书品种数占比近 30%。做好版权的引进与输出是中小型少儿出版机构在这场激烈的竞争中立足、生存、发展的重中之重。

　　第七,中国原创科普读物缺失现象依旧存在。据"东方大数据"发布的《2015 中国少儿出版阅读现状与未来趋势报告》显示,科普读物已成为儿童文学和低幼读物之外最受家长与小读者青睐的童书品种。与儿童文学中原创作品占绝对优势的状况不同,畅销科普读物几乎一边倒地由进口书唱主角。科普图书一直被认为是中国原创少儿出版中较为薄弱的门类。当下儿童科普读物市场需求的高涨与中国原创儿童科普读物缺失的矛盾是国内童书市场供需关系失衡的一个外在指征。资深少儿出版人刘海栖(2018)认为,原创科普图书薄弱主要还是因为缺少优秀的科普作家。在 20 世纪 70 年代,叶永烈、童文正、郑文光等前辈科幻作家创作出了不少优秀的科普作品,后来出现了科普作家的断层。20 世纪 50 年代前后不乏大科学家、院士学者躬身写科普读物的范例,苏步青、茅以升、李国豪、叶叔华等都曾投身过儿童科普读物的创作行列。而如今,专司科普读物创作的作家越来越少,更不要说儿童科普读物了,让人记得住和还在创作的,或许只有一个叶永烈了。儿童科普读物的创作,需要丰富的知识,了解科技发展最新动态,符合青少年阅读口味,生动有趣和富有创意,并非坐在书斋里就能写出来,所以有相当高的门槛,需要具备一定专业水准、花功夫才能创作得出来。与之形成鲜明对比的是,国外科普童书传统深厚,很多顶尖科学家都参与到儿童科普写作中,针对孩子的科学写作既不会过于高深,也不会专业性过强。欲破除国外儿童科普读物长期占据国内市场的现状,应大力创造儿童科普文学的生态条件,从扶持儿童科普读物的创作新人做起,同时积极鼓励作家参与儿童科普读物的创作,还可以邀请现有的院士学者,动员广大科普教育工作者,以及发动网络作家或通过和国外出版机构合作,培养新的儿童科普读物创作人才和编辑力量,让这些人员共同加入儿童科普读物创作中来,为我国千千万万的青少年创作有品质有内涵、具有中国特色的儿童科普读物。

另外还有一些诸如定位虚高,营销渠道和手段单一,产业链延伸不足,出版流程、读者服务专业化水平不高,公用儿童图书馆建设滞后,数字化出版商业模式亟须进一步开发和完善,现有编辑人才队伍尚不能满足数字化出版多维需求的问题。

1.1.2 研究意义

俄罗斯教育家乌申斯基(2007)说:"人的性格主要是在幼儿时期形成的,而在幼儿时期进入性格的一切是非常牢固的,并逐渐成为人的第二天性。"苏联教育家马卡连柯(2005)说:"教育的基础主要是在五岁以前奠定的,它占整个教育过程的90%。"结合世所公认的儿童阅读与儿童心理成长的密切关系,以上理论论述从心理学和教育学立场肯定了少儿读物在儿童价值观形成方面深远的社会价值。

儿童出版的社会价值在于通过提供阅读产品和阅读服务,满足少年儿童成长过程中的阅读需求,引导孩子成为具有正确价值观、世界观的人。海飞(2016)说,未成年人是一张白纸,染于苍则苍,染于黄则黄。儿童阅读是人生启蒙认知阶段的"白纸阅读"、起始阅读、刻痕阅读、定格阅读,是扣好人生第一颗纽扣的重要一环。儿童阅读不可小觑,不可马虎。

新时代少年儿童的成长环境发生巨大变化,对人才需求提出了新要求,也对童书出版提出新标准。因此,新时代要求少儿出版把握好自身的战略定位,关注新时代文化产业和出版市场发展新趋势和读者需求,弘扬社会主义核心价值观,树立民族自信和文化自信。首先,童书出版应引导我国少年儿童建立文化自信。新时代的主题是实现中华民族的伟大复兴。文化是国家软实力,文化自信是更基本、更深层、更持久的力量。没有高度的文化自信,就没有中华民族的伟大复兴。当代少年儿童将在未来10年后将陆续成为基本实现社会主义现代化的生力军、建设社会主义现代化强国的主力军,他们是否具有文化自信关系到民族复兴大业能否实现。因此,在新时代,少儿出版应当进一步增强文化自觉,把帮助少年儿童打牢文化自信的根基、引导他们做有根的中国人作为一项长期的战略任务,发挥更大作用。

其次,童书出版要力求精品,培育知名品牌,经营好国际、国内两个市场,成为中华文化"走出去"的排头兵。语言文字不仅是软实力,也是硬实力。优质的儿童读物浅显易懂,耳熟能详,是扩大实现国家影响力的重要手段。事实上,近 5 年来,少儿出版累计输出版权 1 万多种,进入 80 多个国家和地区,其中"一带一路"相关国家 40 多个。特别是 2016 年曹文轩获国际安徒生奖、2018 年我国成功承办了博洛尼亚国际儿童书展主宾国活动,有力扩大了中国少儿出版的国际影响,加快了中国少儿出版走向世界舞台中央的步伐。正如李学谦(2018)所说,中华民族的伟大复兴需要提高国际传播能力建设,向世界讲好中国故事,提高国家文化软实力。少儿出版物充满人类共同情感的童真童趣,图文并茂,文字浅显,容易超越地域和文化差异,天然具有易交流、易合作的特质,应当在出版"走出去"中发挥排头兵作用。

第三,童书出版要坚持儿童本位。应该看到童年期是培养和发展儿童感性能力(情感和想象力)的最佳时期,有如农时一样,一旦错过就错过了成长的最佳时期。朱自强(2009)指出,儿童文学应该具备现代性、故事性、幻想性、成长性和趣味性。儿童文学创作与成人文学创作的根本区别是,作家必须把儿童的心灵当作一颗饱满的种子,看到儿童生命体内蕴含着不可替代的珍贵的生命价值,走入儿童的生命群体,通过作品与儿童建立起亲密、和谐的人际关系,从儿童自身的原初生命欲求出发去解放和发展儿童,并且在此过程中将自身融入其间,以保持和丰富人性中的可贵品质。儿童文学作家在这种儿童观的指导下创作的儿童文学就是儿童本位的文学。儿童文学作家对儿童生命的体验、理解和认识程度决定了他所创作的儿童文学作品的优劣程度。其他类型的儿童出版作品,无论是低幼启蒙、卡通漫画、古典启蒙、科普益智还是少儿艺术,都应从狭隘的教育主义乃至教训主义中解放出来,尊重儿童,站在儿童利益的立场上,引领儿童实现健康成长和发展。

在内容为王的文化产业里,高质量的内容永远是最好的营销。尽管儿童出版的消费主体呈现双重属性(购买者——父母,消费者——儿童),但是只有出版作品能够吸引小读者,童书的文化传播和传承作用才能真正实现。否则,即便家长把自认为对孩子"有益""有用"的书买到家,也会"牵马到水边易,逼马饮水难",孩子要么束之高阁,要么就随便翻翻。另一方面,孩子们想要购买的图书,家长觉得对学习、生活没什么用途,是"闲书",可有可无,不愿购买。因此，童书出版商在选题、设计和生产图书时，既要符合购买者（父母）的消费习惯和思维定式，又不可忽略少年儿童的心灵呼唤和阅读需求，应该尽量找到家长和孩子消费需求和审美习惯的最佳契合点。

随着新兴技术席卷生活和工作各个行业，第四次产业浪潮已经呼啸而来。人们相信，第四次工业革命将彻底颠覆传统产业的生产和营销方式，大大改变人们的知识技术创新方式，为人类带来全方位的智能生活。2018年9月，在天津举行的夏季达沃斯论坛的主题即为"在第四次工业革命中打造创新型社会"。我们现在所处的就是一个创新创造需求的时代，一个各行各业通过创新转型升级的时代。

所以，目前中国的儿童出版业乃至整个出版业，正处于一个机遇与挑战并存的变革的时代。传统的、单一的内容生产方式正在向跨界、跨媒体的内容生产模式转变，平面、静止的阅读模式正在向多元、交互的阅读体验转变。数字化给全球出版业创造了广阔发展空间，也给传统媒体带来巨大冲击和深刻变革。数字化时代人们的信息消费模式发生巨大改变，接受、传播信息的主流渠道从原来的电视、报刊等向手机等移动设备转变，出版业的活动范围和营收结构发生明显变化。在这种变局中，少儿图书出版如何谋求创新，做大做强？中国大百科全书出版社少儿分社的刘金双认为，出版是一个小行业，如果仅仅以记录、整理、加工、复制、传播作为自己的主要功能，出版的经济规模不会很大，出版的价值也不能够最大化。文化是大产业，其中出版为其提供内容支撑，由此可以衍生出很多文化产品，从这个角度看，出版具有核心的基础性作用。从出版自身的发展来说，要实现出版价值的最大化，要把出版做大做强，就要完成由单一的出版业向文化产业的转变。如何把传统内容创作技术与现代数字技术进行有机融合，如何把传统商业模式与新型消费需求、科技手段有效整合，如何拓展产业链和营销渠道、创新商业模式和盈利手段以提高企业竞争力，这些都是出版业亟须解决的问题，也是本书主要研究和探索的问题。本书拟对中国儿童出版产业发展历程进行梳理，比较全面细致地探析中国儿童出版产业选题及文本、产业链及盈利模式、国际竞争力、数字化时代面临的机遇与挑战、承担的社会责任等问题，并结合西方经验和个案研究，探讨中国儿童出版产业创新发展、转型升级的路径与模式，从而为我国儿童出版产业的发展提供理论依据和现实指导。

1.2　国内外研究综述

1.2.1　文化产业中的儿童出版产业

文化产业是世界公认的朝阳产业。1947 年,法兰克福社会学派的阿多诺与霍克海默在《启蒙的辩证法》一书中首先提出"文化产业"这一概念。他们认为,"文化产品在工厂中凭借现代技术手段,以标准化、规格化的方式被大量生产出来,并通过电影、电视、广播、报纸、期刊等大众传播媒介传递给消费者,最终使文化不再扮演激发否定意识的角色,反而成为统治者营造满足现状的社会控制工具"。可以看出,阿多诺与霍克海默对"文化产业"概念的定义是从负面社会影响的角度出发的。同为法兰克福社会学派的本雅明则从积极意义解读了"文化产业"这一概念,他认为艺术和科技的进步为民主和解放提供了机会,艺术品被复制可以把艺术从宗教仪式的古老传统中解放出来。自 20 世纪 30 年代以来,不同时代背景、历史环境和知识语境的学者们对文化产业的内涵与外延的界定就存在诸多争议和讨论。联合国教科文组织将文化产业界定为:"文化产业是根据工业标准进行生产、再生产和组成文化产品和服务活动的总称。"这里的工业标准包括了标准化、规模化、专业化和连续性等。

国内关于文化产业的定义比较有影响力的是张晓明、胡惠林和章建刚在《2001—2002 年中国文化产业蓝皮书总报告》中提出的"就所提供产品的性质而言,文化产业可以被理解为向消费者提供精神产品和服务的行业;就其经济过程的性质而言,文化产业可以被定义为'按照工业标准生产、再生产、储存以及分配文化产品和服务的一系列活动'"。

关于文化产业的内涵界定与挖掘,下面章节会有专门论述。我们这里重点讨论文化产业主要覆盖的行业领域。根据上述文化产业概念的相关研究,可以看出出版是文化产业的重要组成部分。按照戴维·思罗斯比(2011)对文化产业的分类,文化产业的核心是音乐、舞蹈、戏剧、文学和视觉艺术、工艺等创造性艺术,位于同心圆的最中央,并向外辐射;围绕这一核心的是那些既具有上述文化产业特征,也生产其他非文化性商品和服务的行业,如电影、电视、广播、报刊和书籍;建筑、广告、观光等有时候具有文化内容的行业则处于同心圆最外围。按照戴维·思罗斯比这个分类体系,出版产业位于同心圆的中间层次。处于这个层次的产业既具有核心层产业的文化、艺术创造性特征，又具有生产性特征。

大卫·赫斯蒙德夫（2002）说，文化产业通常指的是与社会意义的生产（the production of social meaning）最直接相关的机构（主要指营利性公司，但是也包括国家组织和非营利组织）。核心文化产业乃是从事文本的产业化生产与流通的产业，其中之一是印刷与电子出版产业，包括图书、CD-ROM、在线数据库、信息服务、期刊、报纸。因此，出版产业作为文本生产和流通的重要渠道，属于文化产业的核心层。

而在国内，关于文化产业的界定也引起热烈讨论。上海社会科学院花建教授则认为，文化内容的生产应该是文化产业的核心，边缘才是它的价值实现和扩散。同心圆的核心层是文化内容的创造活动，包括各类创意、策划、创作活动、信息等，是文化产业知识性和信息性的来源，是文化产业的创意层。内圈是文化产品的制造业，通过科技手段和工业生产形式，大量地复制文化产品，是把文化内容转化为商业产品的关键环节。外圈是文化产品的发行零售和服务业。最外围则被称为"亚文化产业"，是文化产业与其他产业融合以后产生的混合型产业。根据他的学说，出版产业被定位在文化产业同心圆的内圈，即"文化产品的制造业"范畴。

在我国国家统计局印发的《文化及相关产业分类（2012）》和《文化及相关产业分类（2018）》中，图书出版都属于文化核心领域"内容创作生产"门类（2018版本中新增加了"数字出版"的内容）。

在以上几种文化产业分类体系中，出版业都被定位于文化产业核心层或者次核心层。由此可见，学界已经形成共识，出版业是文化产业的一个重要组成部分，并且在文化产业体系中占有重要地位。

《世界版权公约》这样定义出版："以有形形式复制，并向公众发行的能够阅读或可看到的作品复制品。"联合国教科文组织对图书的定义为："凡由出版社（商）出版的不包括封面和封底在内49页以上的印刷品，具有特定的书名和著者名，编有国际标准书号，有定价并取得版权保护的出版物。"鉴于儿童出版产业是以0～18岁的少年儿童为主要目标消费群体的产业，笔者认为"49页以上"的限制对儿童图书而言并不适合。事实上，图书市场中有大量绘本因其精妙的创意、精湛的插画技术和精美的装帧等让大读者拍案惊奇、小读者欢欣雀跃。这类书由专业出版社出版，具有特定国际标准书号和著者名，取得版权保护，是理所当然的儿童图书。因此，儿童图书可以界定为:"凡由出版社(商)出版的具有特定的书名和著者名,编有国际标准书号,有定价并取得版权保护,以 0～18 岁未成年人为主要目标读者的出版物。"

当前国内学界对儿童出版产业没有形成一个比较成熟的界定,或许是因为其"小"或者外界所认为的"入门门槛过低"而让学者们认为不值得专门作为一门独立的细分学科研究。然而有目共睹的事实是,儿童出版产业在市场上的蓬勃发展应该引起足够的学术关注和探究,有关理论的建设目前明显落后于实践的发展,这也是本书写作的主要目的。

关于一门产业内涵与外延的界定是一项十分复杂的工作。参照大卫·赫斯蒙德夫对文化产业的定义,我们可以化繁为简,尝试将儿童出版产业(国际主流学术数据库和谷歌的关键词为 Children's Book Publishing)界定为:"从事与儿童相关文本的产业化生产和流通的产业。广义的儿童出版产业应该包括儿童图书出版业、儿童期刊出版业、儿童音像出版业、儿童电子出版业、儿童网络出版业等范畴。"本书的研究主要集中在儿童出版产业中的细分产业——儿童图书出版(包括儿童网络出版业中的数字图书出版),期冀以小见大,以微见著,管窥儿童出版产业一些发展规律,从而为当前我国儿童出版产业的创新与发展提供一些建设性思路,在一定程度上对儿童出版产业以及儿童文化创意产业等领域的学术研究起到促进和推动作用。

1.2.2　西方研究综述

儿童出版产业的历史是社会历史发展的重要组成部分。虽然西方儿童出版产业研究作为一个独立学科建立时间之短常常让人惊讶,然而其之后的成就却令世人瞩目。捷克教育家夸美纽斯的《世界图解》(*Orbis Sensualium Pictus*)按照字母顺序通过图画的形式列举了有关自然(宇宙、地理、植物、动物、人体)的知识,也有关于人类活动的知识,并分别配以捷克语、拉丁语和德语。在当时严峻的清教主义氛围中,该书将抽象概念具体化,令人耳目一新,被译为多民族语言,成为欧洲学校儿童必用教科书。俄罗斯教育家乌申斯基称该书为"根据儿童年龄特点来给孩子施行知识教育的开端作品"。《简明大不列颠百科全书》(*Concise Encyclopedia Britannica*)说:"它体现出一种新的洞察力,即儿童读物应属于一个特殊的类别,因为儿童不是缩小了的成人。"夸美纽斯的《新英格兰初级读本》于 1690 年前后在波士顿首次出版,并在接下来 150 年中成为北美最具影响力的童书之一。该书创作源于清教信仰,认为孩子一出生便带有"原罪",为了获得救赎,他们需要尽可能早地开始阅读《圣经》。在美国殖民地出版的第一批童书中,有许多书籍(或许是大多数书籍)本质上都带有宗教属性。这本厚书是第一批专门为儿童出版的插画书之一,也是当今儿童图画百科全书的鼻祖。该书第一部拉丁语/德语双语版于 1658 年出版,第一部拉丁语/英语版于一年后出版。英国儿童文学在漫长的中世纪若隐若现,当时的儿童文学作品明显带着清教主义的烙印。约翰·洛克认为,寓教于乐是让孩子学习的最好方式。他的书在欧洲和北美十分流行,书中的内容与 18 世纪中产阶级父母所熟悉的童书截然不同,为父母购买此类童书奠定了基础。在约翰·洛克思想指导下,伦敦出版商约翰·纽伯瑞开始出版此类关注儿童成长快乐的书籍。首先出版的是《美丽小书》,这本书一经出版便大获成功。为了吸引当时那些和现在一样不知道为孩子买什么书的父母,每本书都附赠一个免费玩具:男孩是弹跳球而女孩是针垫。对于插画童书来说,西方并不是唯一的源头。在江户时代和明治初期,日本出版商就出版了各种各样的木版插画娱乐平装书。其中有一种"赤版"书或叫 Akahon,专门面向儿童销售,以生动活泼的民间故事叙述为特色。在同伦敦一样的国际大都会江户,对孩子未来寄予厚望的中产阶级父母当时也已开始建立娱乐童书市场。18 世纪末期,儿童文学作品数量已经达到数百种,因此学术界普遍认为 18 世纪末期为儿童文学的发端期。英国诗人、艺术家威廉·布莱克在塑造西方童年观方面发挥了重要作用。布莱克对儿童清晰的思维能力和洞察力尤为感兴趣,他认为这些能力是儿童与生俱来的,生活中最大的挑战就是在社会压力下尽力保持童真,不要妥协。布莱克手绘了插图诗集《天真之歌》,向世界展示了他对童年时代天真和智慧的看法。他努力在书中实现文本和图片的有机结合,为现代儿童图画书奠定了基础。继威廉·布莱克之后,便是德国语言文化学者雅各布·格林和威廉·卡尔·格林这一代。1812 年,格林童话第一本故事集出版,这本故事集受到了许多父母的追捧,用以培养孩子的想象力,因而也成了畅销书。这本书再版时,增添了插画,而儿童插画民间故事的传统也就此展开,内容丰富。19 世纪早期,美英两国的童书通常附有黑白木刻版画作为插画。19 世纪最著名的自创童书便是刘易斯·卡罗尔的《爱丽丝漫游奇境记》,成为当时最频繁的插画创作对象。另外一位作家凯迪克成长于铁路修筑的第一个黄金时期,他非常喜欢移动感和速度感。他为自己的图画书《杰克盖了个大房子》创作的插画体现出他擅长在三维立体中捕捉移动的感觉。在《鹅妈妈童谣》最后一幅插画中,凯迪克向我们展示了插画家不一定要模仿原文,而是可以创造一个新故事或迫使读者以新的方式看待作者的作品。由于他对图画书创作表现出极高的热忱和开拓精神,美国图书馆协会以他的名字命名了"凯迪克奖",授予优秀的童书插画作品。1902 年,毕翠克丝·波特出版《彼得兔的故事》时,西方的童书市场已经相当完善。伴随着儿童心理学这门新科学的兴起,人们开始关注为某一年龄儿童创作的书要如何区别于年龄稍大或稍小孩子的书籍,西方儿童阅读分级体制初露端倪。

在北美,1646 年,第一本专门为儿童所印刷的图书诞生,约翰·考顿的《为婴儿的牛奶》。和欧洲一样,这一时期的图书明显具有清教徒色彩,承载着少年老成的所谓"善良"、浓郁的虔诚、病态的多愁善感,教化口气浓厚,甚至已经达到吓人的程度。在 19 世纪后半叶,美国进入儿童文学及儿童出版产业发展的黄金时期。当时知名的儿童文学作家有玛丽·梅普思·道奇、路易莎·玛丽·埃尔考特、马克·吐温、乔·钱德勒·哈里斯、哈弗·派乐·汤姆斯·巴勒·艾德瑞奇、凯特·道格拉斯·辉格、劳拉·E. 理查德和弗朗斯西·霍奇逊·伯纳德,他们为儿童文学带来了很多优秀的作品和很高的声誉。其中两本有划时代意义的代表性作品为美国女作家路易莎·玛丽·埃尔考特创作的长篇小说《小妇人》(首版于 1868 年)和马克·吐温的《汤姆·索亚历险记》(首版于 1876 年)。两本书都因其现实主义而大受追捧,第二本书甚至被称为"承载着沿着轨道而来的现实主义"。三本早期的儿童杂志包括《我们小孩子》、豪瑞斯·斯卡得的《青少年河边杂志》和玛丽·梅普思·道奇的《圣尼古拉斯》。这些杂志对儿童图书的发展和作家的成长影响深远,为 20 世纪早期儿童出版产业的快速发展做好了准备。1915—1930 年,美国社会、经济发生翻天覆地的大变革,也促进了儿童出版产业的快速成长。1919 年,第一个少儿书店由麦克米伦公司开创,原任职图书管理员的路易斯·西蒙成为第一个儿童图书编辑,负责其经营和管理。这一时期的重要儿童读物仍然由各大出版社统一管理。直到 1925 年,才有五六家独立的儿童出版部门。1922 年,弗雷德里克·梅切尔建立纽伯瑞奖,奖励本年度最优秀的儿童文学作品。1937 年,凯迪克奖设立,颁发给一年中最优秀的图画书,被誉为图画书的奥斯卡奖。这两个奖项的设立对儿童图书质量的提高起到很大的激励作用。20 世纪后半叶,儿童出版产业的研究开始逐渐把目光转向出版产业精细化分工和多样化的媒介。21 世纪,电子信息技术给传统儿童出版产业带来了颠覆性的变化,数字出版和多媒体融合出版也彻底变革了儿童出版产业的基本业态。童书出版一直是全球图书出版中最有活力和发展潜力的提升板块，呈现一派繁荣景象。

遗憾的是，与全球范围内儿童出版业蓬勃发展不协调的是儿童出版产业理论建设的滞后。尽管阐述儿童文学的专著为数不少，但当前国际和国内专门论述儿童出版产业的专著却为数不多。笔者在美国访学期间，以"children's books publishing"及相似的关键词在美国亚马逊网站上搜索，几乎没有找到一本专门阐述童书出版的专著，大部分搜索结果都是教读者如何为儿童写书、如何自出版的。在著名的 EBSCO 学术数据库中搜到的也几乎都是零散的期刊文章，系统阐述儿童出版产业的文献资料也寥寥无几。通过统计，笔者发现这些期刊的参考文献大多是零散的儿童文学、儿童书籍或者出版等主题的专著，如《儿童与书籍》《畅销儿童书》和《儿童书的前生今世》，或者散落于极具影响力的《出版人周刊》等出版学期刊里。为数不多的专门聚焦儿童出版产业的专著包括玛丽·梅普思的《儿童图书出版》、齐里·安得勒的《青少年图书出版》和金伯利·雷纳德、尼古拉斯·塔克合著的《1945 年以来英国的儿童图书出版》等。

由此可以看出，儿童出版产业作为一个新兴研究领域，目前并没有得到应有的学科尊重和关注，往往是作为出版产业的一部分而被忽略或者"矮化"。认为儿童出版产业幼稚，没有多少学术价值，不值得研究或者水平比较低的学者才会研究，这种观点在当今国内外学术界还比比皆是。这与当今东西方儿童出版产业繁荣发展的实践是不一致的，理论的建设明显落后于现实的发生与发展。

1.2.3 国内研究综述

新中国之初的少儿出版一穷二白，后在党和国家的高度重视下，从无到有，从弱到强，从短缺到繁荣，从封闭到开放，逐渐成长为一个体系完善、布局合理、市场活跃并与多个国家有着友好出版交往的出版文化产业，我国也随之成为少儿出版大国。经过改革开放 40 余年的发展，我国的童书产业已经进入了一个高速发展的大时代，目前全球图书行业发展最快的就是中国童书。相关数据显示，我国童书出版从原来的专业出版演化为大众出版，全国 581 家出版社，有约 556 家出版童书；年出版童书 4 万多种，总量居世界第一。相当一批童书品牌已经形成，如信谊图画书、爱心树绘本、启发图画书、蒲蒲兰绘本、耕林绘本。同时,童书市场上涌现出一批又一批像"小博集""未小读""读小库"这样的新生力量。中国童书原创力量无论是在跨界合作还是科技、文化和内容融合方面都表现不俗。如小中信的《凯叔·声律启蒙》一书,随书附有二维码,可以收听"每天三分钟国学音频游戏",让孩子在游戏时不知不觉积累国学知识,提高对语言美学的感知力。还有百花文艺出版社出版的《时节之美:朱爱朝给孩子讲二十四节气》等。2018 年,几乎所有的出版社都出版童书,而且童书市场的板块也开始有更细致的划分,有望成为新的发展引擎。比如,2018 年老牌出版社接力出版社正式成立低幼童分社,其他出版社也都有自己特色的低幼图书编辑部,尚童童书这样的新生力量读者群就锁定在低幼童市场。

儿童出版产业理论研究落后于繁荣的实践发展的情况在中国亦是如此。在亚马逊、当当网、京东等电商平台搜索,目前专门以"儿童图书出版"为名的专著寥若晨星。山东大学刘光裕(2005)说:"据我所知,出版经济常常不为研究者所重视……"暨南大学曾庆宾(2003)曾在他的博士论文《中国出版产业发展研究》中提出,这种现象的主要原因在于我国关于出版经济的文献资料奇缺,历史上也鲜有人对出版业从经济学的角度进行探讨,给研究增加了不少难度。

在为数不多的专著中,比较系统、全面论述儿童出版产业的有海飞的《童书海论》《童书大时代》《黄金出版》《童媒观察》和余人的《中国少儿出版新进程》等。海飞 1993 年起任中国少年儿童新闻出版社社长,通过企业化改革促进中少社的转型改制,迸发新的活力;1994 年,他联合全国各专业少儿社发起成立了中国版协少儿读物工作委员会,在他的大力促进下,全国童书出版有了统一的订货会;他推动中国童书界与国际儿童读物联盟加强合作,担任国际儿童读物联盟中国分会主席 18 年;他倡导设立"东方博洛尼亚国家童书博览会",并推动了上海国际童书展的创办。他在 2001 年出版的《童书海论》中首次系统梳理了童书出版的内涵、外延、分类等理论问题,描述了当时国内童书的出版体系、市场营销等状况,并与海外童书出版进行对比,因而成为我国童书出版界具有里程碑意义的学术著作。余人 1993 年进入接力出版社,长期从事专业出版尤其是专业少儿出版的具体工作,后师从著名编辑出版学家、北大新闻与传播学院肖东发教授攻读博士学位。可以说,这两位童书出版研究的代表人物均是从事出版业多年的资深人士,在自身大量的实践基础上描述并总结我国童书出版业的发展轮廓和重点、热点问题。在中国知网中以"童书出版""少儿出版"为关键词搜索发现，相关文献近几年呈曲线上升趋势，从2016后半年开始急剧上升，表明越来越多的学者和从业人员把眼光放到了儿童出版产业。发展趋势见图1-1。

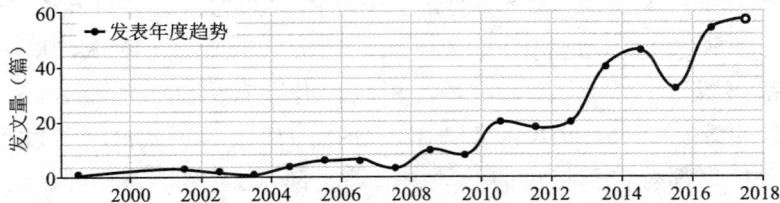

图1-1　儿童出版产业研究发展趋势

1.3　研究方法

本书主要采用质性研究方法，具体包括四种研究方法。

文献研究：只有在充分做好文献调查的基础上提出的理论思考才有信度和力度。因此，在2018年美国访学期间，笔者走访了美国最大的城市公共图书馆波士顿公共图书馆、美国最古老的图书馆（也是世界上藏书最多、规模最大的大学图书馆）哈佛大学图书馆，进行调研。在国内则走访了国内各大图书馆，搜索童书出版的相关专著、博硕论文、报刊文献。谷歌、美国密苏里州立大学所购买的EBSCO数据库和中国知网是本书网络文献的主要来源。

走访调研：作者利用在美访学的机会，搜集到国际上关于童书出版的文献资料，并对美国当地的儿童图书馆，如密苏里州立大学的儿童图书室、波士顿公共图书馆儿童图书室的儿童图书，进行学术考察和访谈。在国内则对出版社人士进行访谈，收集一手资料。

个案研究：本书对不同类型国内外著名少儿出版社进行个案分析，深入分析目前国内少儿出版企业的优势、劣势、机遇和挑战，研究其如何通过完善营销方式、延伸产业链、借力数字传媒实现转型升级。

对比研究：本书对童书出版的国内与国际、过去与现在、文化属性与经济属性、原创与引进、东部和西部、传统媒介与多媒体融合、纸质出版与数字出版、单一与多元进行多方位对比与分析，以便能更清晰真实地描述我国当前儿童出版产业的全貌,发掘儿童出版产业发展规律,发现问题。在国际文化产业发展大背景下,探索新时期中国儿童出版产业如何更好地担负起传承中华文化遗产,滋养我国儿童精神健康发展,帮助儿童建立文化自信,同时促进中华文化"走出去",扩大国家国际影响力等重要历史使命。

1.4　相关术语说明

世界上各个国家、地区和文化对于"儿童"的年龄界定是有不同的说法和理解的。有的界定为 3 ～ 14 岁,有的界定为 1 ～ 12 岁,有的界定为 1 ～ 14 岁。在我国民间,一般儿童在 14 岁左右便约定俗成不再过儿童节。这其实是一种误解。1989 年,第 44 届联合国大会通过的《儿童权利公约》中规定,儿童指 18 岁以下的未成年人。

20 世纪末,中国的童书还没有一个统一的称谓,少儿读物、儿童读物、少儿图书、儿童图书、小人书等各种称谓都有。针对这种情况,海飞 1995 年在《中国新闻出版报》上撰文建议把少年儿童读物统称为童书。2001 年,他的专著《童书海论》问世,进一步推介"童书"概念。至此"童书"这一简洁明朗的称呼逐渐扩散开来。截至 2018 年,在中国知网以"儿童出版"为关键词检索文献共 694 篇。其中以"童书出版"为关键词的文献为 283 篇,占比 40.78%;以"少儿出版"为关键词的文献为 45 篇,占比 6.48%,这说明大部分学者更倾向于接受"童书出版"这个术语。基于以上各种因素考虑,本书在进行学术讨论时也采纳"儿童图书出版"或者"童书出版"的术语。但由于出版界与学术界存在大量"儿童图书"和"少儿图书"概念模糊的混用现象,因此本书在描述现象时出现的"儿童"与"少儿"不另做区分。

值得注意的是,伴随着近年来西方分级阅读的细化,YA 文学（Young Adult Literature）逐渐开始流行。这个文学类型一直有一种含混性,其中文翻译目前国内也不统一。有的学者,如清华大学出版社的张立红,把它翻译成"准成年文学";有的学者,如北京少年儿童图书研究社的赵易平、首都师范大学青年教育艺术研究所的陈苗苗、二十一世纪出版社集团及麦克米伦世纪童书的唐明霞,都称之为"青少年文学";还有学者称之为"未成年文学"。对这类作品的目标读者群年龄段划分国内外也不固定,大部分学者认定为 13 ～ 17 岁的青少年读者,也有人将其年龄段定为 15 ～ 20 岁。2017 年 11

月,二十一世纪出版社集团联合麦克米伦出版集团、阅文集团启动首届"中文原创 YA 文学奖"。征文通知里说:"我们所提到的 YA 文学,主要是针对 13～17 岁青少年的文学作品,它在欧美已经是一个成熟的文学品类。"本书也采用这种说法。

　　YA 文学是从儿童文学中分离而来的,既非少儿文学,也非成人文学。然而,正如资深出版人雷茜所说,有 YA 文学的童书生态才完整。它产生于 20 世纪 30 年代,50 年代风靡,70 年代和 80 年代更加狂热。我们所熟知的《麦田的守望者》《少年维特的烦恼》《蝇王》《杀死一只知更鸟》《纳尼亚传奇》等都属此类。

第 2 章

相关理论综述

2.1　文化产业理论研究

21世纪是知识经济的时代,文化产业作为新经济时代新兴产业的代表,发展势头十分强劲,已经成为世界各国大力发展的朝阳产业。美国、英国、法国、德国、韩国、日本、新加坡等国家均将文化产业视为支柱产业,投入大量精力,大规模、全方位进行产业实践,实现产业快速发展。在不少国家,文化产业已是促进经济增长、增加就业和增强社会凝聚力的推动力。

与实践齐头并进的是文化产业的理论研究。半个多世纪以来,国内外学者对文化产业进行了大量研究,并取得不错的成就。

2.1.1　文化产业概念界定

"文化产业"(Cultural Industries)一词起源于德国的法兰克福学派。1947年,阿多诺和霍克海默在《启蒙的辩证法》一书中首次提到"文化产业"。然而,法兰克福学派并没有对文化产业本身及发展进行研究,而是从哲学价值评判和艺术的角度对其进行了否定性批判。他们认为,文化产业更多地表现为按工业标准进行再生产、存储以及分配文化产业和服务的一系列活动。而文化本应具有的个性和批判精神已在商品化的发展中逐渐丧失。随着文化产业的进一步发展,文化批判理论的局限性日益凸显,但对文化产业的反思和批判却一直伴随着文化产业的发展而存在。在随后的时间里,文化产业开始成为各国学者研究的对象。因为是新生事物,再加上文化本身的复杂性,各国学者对文化产业的界定有较大的争议,而且称谓也不同,比如"创意产业""内容产业"和"版权产业"。至今,对于文化产业是什么也没有统一的解释。贾斯廷·奥康纳（1999）认为文化产业是以经营符号性商品为主的活动，它首先包括"传统的"文化产业和"传统艺术"，商品的文化价值创造出经济价值。安迪·C. 普拉特（2010）提出，文化产业与以文化形式出现的物质生产中所牵扯到的各种活动有联系，它的巨大价值体现为涵盖内容的创意、生产输入、再生产和交易四个链环的整个生产体系。戴维·思罗斯比认为，文化产业是在生产过程中包含创造性、凝结一定程度的知识产权并传递象征性意义的知识文化产品与服务，并用一个同心圆来划分文化产业的行业范畴。

我国对文化产业的研究始于 20 世纪 90 年代，国内学者结合国外学者的研究，同时根据本国的具体情况对文化产业进行了界定。章建刚、胡惠林等依据性质论，提出按照提供产品的性质，文化产业指向消费者提供精神产品或服务的行业；按照经济过程的性质，文化产业指按照工业标准生产、再生产、储存以及分配文化产品和服务的一系列活动。胡惠林（2001）认为，文化产业是一个以精神产品的生产、交换和消费为主要特征的产业系统。张志宏（2002）提出，文化产业是指通过工业化和商品化方式进行的文化产品和文化服务的生产、交换和传播。花建（2002）认为，文化产业是以创造文化内容为核心，通过市场化和产业化的组织，大规模提供文化产品和文化服务的经济形态。叶郎（2003）认为，文化产业是由市场化的行为主体实施的，为满足人们的精神文化消费需求而提供文化产品或文化服务的大规模商业活动的集合。

以上可以看出，国外学者对文化产业的研究起步早，研究比较成熟且具有历史追溯性，很多研究成果成为后来学者的借鉴。我国学者对文化产业的界定更多地在强调经济性和产业化，而对文化产业中蕴含的创意、知识产权、文化价值等有所忽视。

2.1.2 文化产业竞争力研究

20 世纪 80 年代以后，随着国际竞争的加剧，文化产业竞争力进入学者们的视野。迈克尔·波特（2002）提出的"钻石模型"是产业竞争力研究的理论先驱。波特认为一个国家的竞争优势决定该国的产业是否具有国际竞争力，而国家竞争优势由四个基本因素（生产要素，国内市场需求条件，相关产业与支持产业的活力，企业策略、结构和竞争行为）和两个辅助因素（政府行为、偶然事件）构成。钻石模型偏重评价外部竞争力，较少关注产业内部运作的竞争力。杰恩·巴尼（1991）提出 VRIO 分析框架，此框架属于内生理论，强调对组织内部资源和能力的价值、稀缺、模仿性和组织进行评估。彼得·巴克利(1988)提出 3P 分析框架。赵东成(2003)构建了九因素模型。贝克(2002)提出地区文化发展的衡量和指数。理查德·佛罗里达(2010)构造了包括人才(Talent)、技术(Technology)和包容(Tolerance)的"3Ts"指数和欧洲创意指数(European Creativity Index)。大卫·赫斯蒙德夫(2007)建立了一个较为完备和系统的文化产业分析框架。这些对全球文化创意产业竞争力的研究有着很强的指导和借鉴意义。

20 世纪 90 年代中期，我国学者开始关注文化产业竞争力，学者们就文化产业竞争力提出许多评价模型、指标体系和评价方法。比较具有代表性的是祁述裕(2004)基于"钻石模型"，构建出文化产业国际竞争力模型，对中国文化产业竞争力进行整体研究。该模型将政府行为作为一个重要的决定因素纳入整个评价模型，这无疑更具本土应用价值。花建(2005)概括出文化产业竞争力的内涵，将 3P 分析框架与波特的思想相结合，提出极具代表性的竞争力层次模型，并阐述了不同层面竞争力内涵和特点的发展演变。

综上可见，国内外对文化产业竞争力的研究比较晚，不同学者基于不同范式对文化产业竞争力进行了多视角的研究。研究主要集中在构建一定模型和指标体系对文化产业竞争力进行评价，即应用研究居多，基础理论研究较少，尤其缺乏深入的基础理论研究。

2.1.3　文化产业相关领域研究理论综述

在文化产业相关领域的研究方面，迈克尔·曾伯格和李(1994)、格列柯(1999)分析了美国的出版业。赫约斯-安德森(2000)对于丹麦的出版社进行了计量分析。帕潘德雷亚(1999)分析了商业电视的规制问题。皮考克(1986)分析了英国的广播资金的提供问题。柯文(1998)提供了近 500 年来文化生产的经济历史。艾奇逊和毛勒(1999)提供了加拿大在电影、广播和出版业的保护主义与美国的贸易争端背景下关于文化产业的概括性分析。在电影、音乐产业方面的相关研究包括华莱士、斯坦格曼和胡尔伯克(1993)、巴格拉(1995)等的研究，研究内容覆盖电影的资金筹措及对电影的需求方面。对音乐产业的研究，有克雷奇默、克里米斯和瓦利斯(1999)关于产权保护方面的研究，拉顿(1996)等对于欧洲文化产业的研究，墨菲(1984)、贝克(1991)、亚历山大(1994)对于录音市场的经济行为等方面的研究等。

国内对文化产业相关领域的研究主要集中在出版、电影、动漫、游戏和教育培训等领域。研究的主体以高等院校研究传播学、产业经济学和艺术学的博士和硕士为主,还有一些商业评论家。其中,胡晓、董小玉(2014)探讨了国内儿童动漫的文化创意途径。黄萃(2010)基于SCP范式,做了中国少儿图书出版产业的发展研究。张弛(2015)探讨了大数据时代中国出版产业链的重构。张晗(2015)探讨的是文化科技融合背景下中国出版产业数字化转型的路径。杨柳(2016)选用定量和定性相结合的研究方法,对电影产业国际竞争力的形成机理、理论概念模型和评价体系进行了研究。杨建(2008)在钻石理论框架下运用因子分析法对动漫产业竞争力进行了要素分析。李嫣(2010)对中国教育培训产业的发展进行了SWOT分析。李宁琪(2008)对国内外游戏产业做了文献综述。赖敏(2009)对网络文学产业道路进行了解析。

2.2 儿童文化与儿童文化创意产业

儿童文化创意产业的研究必须从对儿童的诠释开始。在人类的历史上,具体从什么时候开始使用"儿童"来称呼一个区别于"成人"的群体已经难以考证。朱自强(2009)说,儿童研究者应该意识到,存在两种形态的儿童,一种是自然状态的儿童,一种是成人意识中的儿童。不可避免地,儿童研究目前诠释的往往是后者,然而理想的研究目标应该是二者的结合。因此,儿童研究永远是一个动态复杂的过程,但同时也是其趣味所在。"儿童文化"一词最早来源于儿童人类学与文化人类学的研究。美国学者古德曼(1970)认为,儿童文化研究就是去描述儿童在观察他们置身于其中的世界时看到了什么,即用儿童的视角看世界。如果把儿童文化看成和成人文化相对应的概念,儿童文化则体现着儿童与成人之间非生理性的内在差别。

儿童与儿童文化研究作为一个相对独立的思想和研究领域,在人类文化与学术史上留下过一段久远的历史和记忆。在西方,从夸美纽斯、洛克、卢梭,到荷尔德林、斯坦利·霍尔、约翰·杜威、玛利娅·蒙台梭利、让·皮亚杰等等,不同时代不同国度的人们,曾经以各自的思想和表达方式,留下了诸多对当时以及后来的儿童与儿童文化领域产生重要乃至巨大影响的思想成果和著作。在中国,早在春秋战国时期,老子就认为,圣人治天下,就要一切顺其自然,使百姓"复归于婴儿"。《庄子·大宗师》中,闻道者可以面色如孩童,透露出庄子对童年状态的推崇。

　　儿童与儿童文化研究作为一门学科的历史,其自觉的学术和历史建构则要晚了许多。19 世纪后半叶到 20 世纪初,在美国,以斯坦利·霍尔为首的一批心理学家和教育家发起过一场声势浩大的儿童研究运动。同时,还出现了伊利诺斯儿童研究学会这样有影响的儿童研究机构。该机构举办儿童研究学术会议,主办《伊利诺斯儿童研究学会会报》,大大推进了儿童研究及其学科建设在美国的发展。进入 20 世纪之后,儿童与儿童文化研究的学术制度建设在世界范围内得到了更为系统全面的推进。例如,1953 年,国际儿童读物联盟在瑞士苏黎世成立;1982 年,挪威成立了国家儿童研究中心,该中心出版了广有影响的跨学科的儿童研究学术期刊《童年:全球儿童研究》;1993 年成立的"儿童守护国际"则是包括 45 个国家或国际儿童研究机构的全球儿童跨学科整合研究的网络组织。

　　在五四运动前后,与儿童研究相关的西方教育学、心理学、人类学、儿童学成果开始陆续传入中国,并直接影响了中国现代儿童和儿童文化研究相关领域的学术建设。1916 年,商务印书馆出版了朱元善所编的《儿童研究》;1921 年,商务印书馆又出版了凌冰编著的《儿童学概论》,这已经是一部颇为系统的儿童学理论著作了。当代国际儿童与儿童文化研究领域也已经有了丰富的拓展和提升。近年来,随着诸如尼尔·波兹曼的《童年的消逝》、大卫·帕金翰的《童年之死》等西方相关著作在中文世界的译介和引进,尤其是进入 21 世纪以来,中国儿童生存和发展的社会文化背景、中国儿童成长所呈现的历史特质和文化容量都向当代儿童文化理论研究者提出了新的课题和挑战。不同的学者对儿童文化进行了不同角度的阐释。著名学者朱自强(2013)指出,儿童文化的概念指向不同的层面。有成人社会为儿童创造的文化,其中包含儿童文学、音乐、漫画、动画等精神文化,图书馆、儿童馆、儿童公园、游乐园(如迪斯尼乐园)、幼儿园、学校、影剧院、玩具、服饰等物质设施文化;还有儿童自身拥有或创造的文化,如游戏、绘画、演剧、音乐活动、写作文、写诗、办板报、办墙报甚至报纸、期刊等。刘晓东(2005)则认为儿童文化是儿童表现其天性的兴趣、需要、话语、活动、价值观念以及儿童群体共有的精神生活、物质生活的总和。儿童文化是儿童内隐的精神生活和外显的文化生活的集合。儿童的精神生活和精神世界是主观形态的儿童文化,儿童外显的文化生活是儿童精神生活的客观化、实体化。钱雨(2011)把儿童文化归纳为"儿童这一群体特有的行为、观念、态度和思想方式的总和,是儿童群体特有的精神生活和物质生活的复杂的复合体,体现着儿童用自己的视角观察周围的世界的所见、所思、所感与所为"。边霞(2006)则提出儿童文化是一种整体化文化,一种诗性逻辑的文化,儿童文化的核心是游戏精神。方卫平(2010)认为,一般说来,儿童文化是指人类历史文化发展进程中,围绕儿童及其生存、教育、成长等所创造、积累和建构起来精神生活和物质生活的总和。换句话说,儿童文化包括了儿童内隐的精神生活和外显的日常生活。2005年6月,国内首个儿童文化研究院——浙江师范大学儿童文化研究院成立。该研究院自2007年起,连续八年出版《中国儿童文化研究年度报告》,全方位描述中国儿童文化产业研究样貌,勾勒出整个学科领域的脉络。2013年7月,"童梦•同行"首届中国(北京)儿童文化产业论坛在北京举行;2015年12月,中国儿童文化产业发展论坛联合北京从事儿童文化产业的研究机构、教育机构、传播机构、文化机构和相关企业及社会组织,期望高效整合儿童文学、儿童艺术、儿童出版、儿童教育及培训、儿童运动及娱乐等产业优质资源,搭建起信息交流、文化交流、资源对接的高端互动平台。

儿童文化创意产业在中国的发展已经初露端倪,在北京、上海、杭州等发达地区甚至已经逐渐从婴儿期向儿童期、少年期过渡。然而,通过对现有文献的梳理我们发现,我国儿童文化创意产业的理论建构和研究远远未能适应蓬勃发展的儿童文化创意产业发展的需求,专门对儿童文化创意产业的整体研究暂付阙如,且欠缺理论性和系统性。在知网中以"儿童文化创意产业""儿童文化产业"为题名检索,2008—2015年间仅有21篇论文,其中硕士论文2篇,报纸或期刊论文19篇。在北大中文核心期刊和南大核心期刊中均没有收录关于"儿童文化创意产业"的论文。可以说,儿童文化创意产业迄今为止没有得到应有的学术关注,缺乏全面完善的理论构建。探讨中国儿童文化创意产业发展之路已经成为时代需要,亟须儿童文学和文化、经济学和管理学等各领域学者共同思考和探索。

儿童出版产业作为儿童文化产业的核心组成部分、文化产业中发展最为活跃的细分板块之一,值得学者们进一步探究其创新发展道路。出版学属于应用性的社会科学学科,理论与实践的关系密不可分:理论离不开实践,活跃多彩的儿童出版活动为文化产业理论、创新理论等提供了丰富的实践基础,也为理论的合理性和进一步完善提供了极好的素材;科学的文化产业和管理学理论,则是对出版实践的科学概括与规律性认知,能指导出版实践从粗放型走向高质量内涵式发展的道路。

2.3　创新理论：熊彼特的创新理论与德鲁克的"创新型组织"

美籍奥地利经济学家约瑟夫·熊彼特是举世公认的创新经济学之父。他（1990）首先提出了用以解释资本主义经济发展和周期的理论。创新是一个永恒的话题。创新理论起源于拉丁语，原意有更新、创造新的东西、改变三层含义。任何行业，如果没有创新就不会有发展，正如逆水行舟，不进则退。企业要保持竞争优势，就必须不断创新。

熊彼特开创了把创新作为经济研究对象的先河。他在其经济学说的经典之作《经济发展理论——对于利润、资本、信贷、利息和经济周期的考察》中首次提出创新理论。创新驱动发展理论是熊彼特创新经济学的核心理论，其理论要点可总结如下：所谓经济发展指的是经济内生的质变过程；推动经济发展的力量是创新；创新意味着发展，不断追求创新的企业才能持续发展。创新是把生产要素和生产条件的新组合引入生产体系，并通过企业家来实施这一"新组合"，从而导致周期性的经济增长。熊彼特认为，创新实现了一种新的生产函数，能够将全新的生产要素引入到已有的生产体系中，从而使得生产体系不断发展进步，进而不断提升其发展优势，呈现出显著的竞争优势。企业创新的积极性和主动性将成为国家竞争力的核心来源，是社会经济发展的根本驱动力所在。

熊彼特的创新理论着重于创新要素改变问题，他所讲的"创新"是指"生产要素的新组合"，主要涵盖五个方面内容：① 引入一种新产品；② 采用一种新技术，即新的生产方法；③ 开辟新市场；④ 获得原料或半成品的新供给来源；⑤ 实现新的企业组织形式。

对于当前的儿童出版产业而言，创新就意味着需要打造更多高质量、有创意的原创作品，借助新科技、新媒体的力量，不断挖掘出版产业链各环节的"价值增长点"，延伸产业链，解放思想，进一步加强出版与其他行业的融合互通，从而开辟新的市场和服务领域，改善现代出版企业管理方式和商业模式，提高儿童出版企业在国内和国际两个市场的竞争能力。熊彼特创新经济学承认经济异质性，重视经济结构问题；把创新作为研究对象，把创新驱动发展作为研究的任务;坚持动态、开放、历史、系统的世界观和方法论,注重对真实世界问题的分析;反对极端自由主义和干预主义,主张政府和市场的平衡性结合;敢于在供给侧"动手术",提出制度改革方案。熊彼特创新经济学的特征符合中国供给侧结构性改革实践对经济学的客观要求。可以说,熊彼特创新经济学不仅为理解中国供给侧改革提供了方法论指导,而且在创新和创新驱动发展方面取得的一些研究成果具有很强的现实意义,可直接落实到中国供给侧改革实践中。

彼得·德鲁克(2008)指出,适应"快速变化时代"的企业应该是一种"创新型组织":这种组织会将创新精神(企业家精神)制度化并传导到经营领域,从而实施"有计划地、系统地淘汰过时的、衰退的、旧的东西"的"创新战略"。"要么创新,要么死亡。"他提出,创新是市场或社会的一项变化,能为用户带来更大收益,所以企业通过"持续不断地为用户带来价值"获得持续创新发展,反之就无法实现持续发展。同时因为"创新是一种态度和实践活动",是"管理层的态度和实践活动",需要管理者"在整个企业中营造一种学习氛围,让整个企业不断地学习"来促进创新战略的实现,最后创新提供了一种"以用户为中心的价值"。简而言之,即企业在"企业家精神"作用下"有计划地抛弃过去",在管理者带动下通过整个组织学习来实现创新战略。这一理论对儿童出版企业的指导意义在于,儿童出版企业的出发点要从围绕企业的产品进行宣传和营销的模式,转变为围绕顾客体验的商业模式,坚持儿童本位,掌握儿童心理和认知发展规律和特征,开展全面的市场调研,以满足儿童身心发展需求、阅读需求、素质培养需求、快乐成长需求为出发点,解放思想,通过跨界融合、产业链延伸等方式改善读者体验,创造新的价值增长点。

2.4　长尾理论

"长尾"(The Long Tail)这一概念是由美国《连线》主编克里斯·安德森(2004)最早提出的。安德森在考察了诸如亚马逊、iTunes、Netflix之类网站的商业模式之后得出三个结论:产品种类的长尾远比我们想象的要长;我们可以有效地开发这条长尾;所有利基产品集合起来,就可以创造一个客观的大市场。长尾理论阐释的是富饶经济学,当文化中的供需瓶颈开始消失,所有产品都能被人获得的时候,长尾效应就开始显现。简单地说,所谓长尾理论是指只要产品的存储和流通的渠道足够大,需求不旺或销量不佳的产品所共同占据的市场份额就可以和少数热销产品所占据的市场份额相匹敌甚至占据更大的市场份额,即众多小市场汇聚成可产生与主流相匹敌的市场能量。在商品的销售过程中,有些商品销售量大,成为畅销品,所获得的销售利润也高,而有些商品则销售量不大,销售利润较低。如果我们把商品项目作为横轴,商品的销售利润作为纵轴,并将商品按照利润的高低次序进行排序,那么我们就能得到一条呈幂次分布的曲线:由纵轴向横轴方向逐渐靠近下弯,越靠近图形纵轴的商品,利润越高,而越往右边延伸,商品的利润就越低,并逐渐形成一条长长的尾巴。企业的销售量不在于传统需求曲线上那个代表"畅销商品"的头部,而是那条代表"冷门商品"经常为人遗忘的长尾。举例来说,一家大型书店通常可摆放 10 万本书,但亚马逊网络书店的图书销售额中,有四分之一来自排名 10 万以后的书籍。这些"冷门"书籍的销售比例正以高速增长,预估未来可占整个书市的一半。这意味着消费者在面对无限的选择时,真正想要的东西和想要取得的渠道都出现了重大的变化,一套崭新的商业模式也跟着崛起。简而言之,长尾所涉及的冷门产品涵盖了更多人的需求,当有了需求后,会有更多的人意识到这种需求,从而使冷门不再冷门。长尾理论包括三个关键组成部分:① 热卖品向利基产品转变;② 富足经济;③ 许许多多小市场聚合成一个大市场。长尾理论的主要观点是:文化和经济重心正在加速转移,即从需求曲线头部的少数大热门(主流产品和市场)转向需求曲线尾部的大量利基产品和市场。在一个没有货架空间的限制和其他供应瓶颈的时代,面向特定小群体的产品和服务可以和主流热点具有同样的经济吸引力。

我国学者姜奇平(2007)说,长尾理论完美地总结了差异化、个性化经济不同于缺乏选择的大规模制造经济的独特规律。长尾理论的关键在于边际投入更小,边际利润更大,个性化生产。安德森(2006)用一句话概括长尾理论:"我们的文化和经济中心正在加速转移,从需求曲线的少数大热门(主流产品和市场)转向需求曲线尾部的大量利基产品和市场。"

长尾理论的重点在于通过品种多样化给消费者带来更多选择,更好地满足消费者个性化需求。安德森认为网络时代是关注"长尾"、发挥"长尾"效益的时代。创造一个繁荣的长尾市场的秘诀在于低成本地提供所有产品、高质量地帮消费者找到它，即一方面通过长尾针对小众提供更多品种上的选择，另一方面通过培育信息增值服务业降低选择成本。品种越是多样化，成本越低。这些条件在数字网络时代都是可以实现的。长尾是数字化、网络化的长尾。

图书出版业是"小众产品"行业，市场上流通的图书达 300 万种。大多数图书很难找到自己的目标读者，只有极少数的图书最终成为畅销书。由于长尾书的印数及销量少，出版、印刷、销售及库存成本又较高，因此，长期以来出版商和书店的经营模式多以畅销书为中心。网络书店和数字出版社的发展为长尾书销售提供了无限的空间市场。在这个市场里，长尾书的库存和销售成本几乎为零，于是，长尾图书开始有价值了。销售成千上万的小众图书，哪怕一次仅卖一两本，其利润累计起来可以相当于甚至超过那些动辄销售几百万册的畅销书。亚马逊副经理史蒂夫·凯塞尔（2014）说："如果我有10 万种书，哪怕一次仅卖掉一本，10 年后加起来它们的销售就会超过最新出版的《哈利·波特》。"

中国是长尾理论的天然实践者。长尾理论告诉我们，企业除了"做大做强"之外，还可以"小而多""小而美"。利基产品战略、范围经济战略、互联网时代的大规模定制、差异化商业模式、冷门战略、小众市场和体验战略你中有我，我中有你，都是长尾战略共同的内核——小的就是好的。中国儿童出版产业可以借鉴长尾理论，开辟新的财富和新钱眼。

2.5　文化产业供给理论综述

西方供给侧改革的相关理论和经济学一样源远流长。西方经济学者一般把供给等同于有效供给。大卫·李嘉图（1817）在《政治经济学与赋税原理》一书中把"供给与需求"作为一章（第三十章）的标题，从此供给与需要范畴开始真正受到人们的关注。亚当·斯密（1776）强调劳动和资本等"供给侧"因素在经济发展中发挥着重要作用。法国经济学家让·巴蒂斯特·萨伊（1803）提出的"萨伊定律"，其核心观点是"供给创造需求"。美国经济学家阿瑟·拉弗（1975）提出著名的"拉弗曲线"，描述了税收与税率之间的关系，成为供给学派的思想精髓。20 世纪末以来，西方许多学者在基于文化产品特性的基础上探讨了文化产品的供给效率和机制。戴维·思罗斯比（1986）把 CVM 分析方法应用于对文化艺术的实证研究上,分析了公众对于文化艺术产品的需求;巴罗斯和卡洛斯(1998)分析了消费者对公共博物馆的支付意愿。另外,还有一些学者通过建立理论模型来分析文化产品的供给效率。布朗和凯夫(1992)通过模型研究了广播电视节目的市场供给情况,从而发现流行的节目类型被过度供给、专业性节目供应不足的普遍现象;卡琳和罗伯特(2001)从福利经济学角度出发,发展了一个分析有关文化产品多重的、相互混合的、具有正外部效应含义的双公共物品模型,该模型提出文化遗产保护数量以及可进入数量、可进入强度的边际效率条件。此外,还有学者对公共图书馆供给进行了分析。总的说来,运用经济学理论分析工具对文化产业进行研究的文献越来越多。

然而,中国的供给侧结构性改革并不是西方供给侧理论的简单翻版。中国的供给侧结构性改革主要针对国内消费需求发生变化,而供给的质量和服务没有同步变化,从而造成大量需求外溢的现象而提出的。在传统产业发展乏力的情况下,"文化产业"这个被日本经济学家夸张地形容为"21 世纪最后一块暴利蛋糕"的黄金产业的供给侧改革就备受瞩目。

对于一般物质性商品而言,供给可分为宏观(总供给)和微观(生产者供给)、长期和短期、国内和国外、经济性和非经济性、理论性和实际性等特征。由于文化产业兼具文化和经济双重属性,文化产品供给就具有自身的独特特征,引起学界日益广泛的关注。顾江(2017)认为文化产品供给是指文化生产部门在一定时期内向社会提供的全部文化产品的数量。胡惠林(2005)认为,文化供给可以分为商品性供给和非商品性供给。商品性供给是指文化商品生产者在一定的时期内以一定的价格提供的文化商品的数量,包括图书、报刊、电影、音像制品、美术品、文艺演出等。非商品性供给主要指文化生产部门无偿向社会提供的文化产品,主要包括社会公益性文化供给和为营造社会文化环境而提供的文化供给,如街头画廊、广场音乐会。焦斌龙(2014)认为文化供给具有无形性、衍生性、社会共享性和非磨损性等特征。左惠(2009)提出,文化产品的供给可以分为有效供给、无效供给(包括文化产品过剩供给和文化产品不良供给)和非法供给(见图 2-1)。她认为"文化产品有效供给"主要指文化产品或服务高效、可持续性地满足消费者需求。

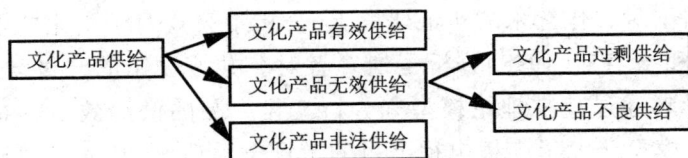

图 2-1 文化产品供给

  国内学者对文化产业供给侧改革的研究众说纷纭,各有侧重。范周(2016)主要从通过创新驱动提高有效供给、减少低端供给、提升科技创新等宏观角度探讨如何提高我国文化产品和服务的质量;张振鹏(2015)从创造文化消费需求、优化企业生态系统等角度提出了我国文化产业供给侧调整的核心命题;鲁元珍(2016)强调促进文化供给从同质化转向精品化;《人民日报》《光明日报》等主流媒体从 2015 年到 2016 年也刊登了多篇关于文化产业供给侧改革的必要性及路径选择的文章。但是,截至目前,学界的讨论主要集中在宏观讨论上,专门针对儿童文化创意产业的研究却十分匮乏。

第 3 章

中国儿童出版产业的历史与现状

3.1　中国儿童出版产业的发展历程

　　近几年,在全球化和互联网发展的推动下,中国的少儿图书出版呈现出国内国际双丰收的繁荣景象。国际上,在"一带一路"倡议框架下,作为新闻出版业"走出去"发展战略的重要组成部分,中国少儿图书出版商与业界同行的合作与沟通更加深入而广泛。他们不仅购买和销售版权,还邀请外国的知名作家和插图作家合作,甚至在海外建立分社或办事处,直接开拓国际市场,进行国际化运作。以接力出版社为例,2015 年,该出版社和埃及智慧宫文化投资(出版)公司在北京图博会签约创办埃及分社,成为第一家走出国门的国内少儿出版社。2016 年,该分社成功地推出 26 种主题的阿拉伯语少儿图书。同时,接力出版社还与俄罗斯的出版商合作,设立一些国际性奖项,推动自然类图书的阅读和写作;与东南亚国家合作,建立出版联盟⋯⋯由此可见,中国的出版商正在不断尝试熟悉国际化运作的游戏规则,学习国际化合作和竞争,为中外青少年读者搭建文化交流和传播的桥梁,为中外少儿出版商的合作和交流提供更加高效的平台和优质的服务。

　　在国内,中国少儿图书出版日益丰富多元,市场规模持续稳健增长,呈现出集团化、规模化增长的聚合发展的良好态势。根据北京开卷信息技术有限公司最新发布的报告,2016 年少儿图书的出版占了中国全部图书出版零售额的 23.5%,约合人民币 701 亿元(102 亿美元)。中国少儿图书出版的繁荣是与近几年我国经济和社会结构的变革、教育方针策略的转移和人们理念的转变密不可分的。首先,中国中产阶级人口的急剧增加为少儿图书出版提供了发展的沃土。根据麦肯锡公司最新的统计数据,2000 年,中国的中产阶级人口不足 500 万,而这一指标到 2020 年预计会达到 5.5 亿(约占城市人口的 76%)。当代中国的中产阶级较之 19 世纪与 20 世纪之交的那一代更加年轻,受教育水平更高,更具有全球视野,更重要的是他们手里的可支配收入更多。这就意味着他们能够更加了解少儿的教育需求,也更有支付能力购买相应的书籍、材料等教育资源。另外,《国家中长期教育改革和发展规划纲要(2010—2020 年)》明确规定,要减轻中小学生课业负担,增加高质量阅读、学习和教学材料的供给来满足整个社会发展改革的目标。

这就推动着全国的父母、教师和政策制定者引导少儿加大阅读,为兴趣而读书,而非为考试而读。政策导向的转变引发了少儿图书出版一些分支的发展,比如绘本、小学生科幻读物和插图类科普系列读物。同时,少儿图书出版迅猛发展的另一个因素是在全国范围内,尤其是城市地区对学前教育重视度的提高。年轻的父母更加积极地参加到儿童的学前教育中来,作家、编辑、幼儿教师和幼儿园在如何启蒙和教育幼儿学习和思考等方面给了年轻的父母们很多指导和帮助,并给他们推荐很多有用的教育工具和资源。从小培养孩子对阅读的热爱已经被各个家庭广泛接受,成为减少儿童未来对电子产品和社交网络依赖的制胜法宝。各种触摸书、发声书和互动读物也受到家长们的青睐。社交媒体的大力营销无疑也是少儿图书出版快速发展的重要推手。据统计,目前中国的手机用户已经达到 9.13 亿,超过了美国、巴西和印尼的总和。微信、微博等手机 App 在改变了人们购买模式的同时,也改变了图书分销的模式。少儿图书出版商们充分利用各种社交媒体和网上社区宣传、推广和销售图书。他们不遗余力地组建网上聊天群、父母课堂和作者与粉丝见面会等活动,巩固品牌忠诚度,扩大顾客群体,尤其是吸引那些由于路途遥远或者工作繁忙等各种因素无法光顾实体店的读者。事实证明,这种新的销售渠道给他们带来了丰厚的利润。

据估计,中国目前 18 岁以下的少年儿童约有 3.67 亿。2015 年,中国实施全面二孩政策,预计到 2020 年之前中国儿童每年至少增加 300 万。巨大的市场吸引着出版商们毫不犹豫地投入更多的人力和财力给少儿出版板块。2003 年,国内只有 20 家致力于少儿图书出版的公司,而到了 2017 年,该数据已经激增到 556 家左右。在过去的三年中,每年约有 4.5 万种少儿图书投入市场。

2002 年到 2011 年被业界人士称为中国少儿图书出版的"黄金十年",

这期间中国涌现出许多优秀的本土少儿图书畅销作家,包括曹文轩(代表作为《草房子》《青铜葵花》)、杨红樱(代表作为《淘气包马小跳系列》《笑猫日记》)和沈石溪(代表作为动物主题小说)。2000 年,《哈利•波特》席卷中国市场,教育类和辅导书系列在图书市场占了绝对优势,单册图画书几乎毫无立足之地。然而最近几年,新的图书品种涌入市场,包括价格昂贵的 AR 系列读物、触摸书、互动图书、大型图画书和科普读物都受到家长和老师的欢迎。城市和农村地区的图书需求也有很大差异。事实上,市场对少儿图书的类型需求是多元而广泛的,从最基础的教材、精美图画书、过去被归为成人读物的青少年小说,到快乐阅读系列读物,都有各自的读者群,主题几乎覆盖了所有领域。中国的图书出版商对包括 YA 作品在内的儿童图书采取了更加开明的态度。在 2009 年左右,随着经济逐渐复苏,人民生活水平的提高和家长对早期阅读重要性的认识加强,图画书市场开始迎来了高速发展期。当然,每本书在引进来之前要经过严格的审查。获国际儿童文学大奖的作品更加容易销售,YA 作品因为制作成本比图画书低而受到出版商们的欢迎。《窗边的小豆豆》《哈利•波特》《暮光之城》《小屁孩日记》等都长期位列畅销书榜单。对于出版商而言,选题、书籍厚度和是否双语版本是影响他们是否选择出版的重要因素,他们还要评估该选题是否可以用于教室使用。

2018 年,中国作为博洛尼亚国际童书展的主宾国参会,这不仅标志着中国少儿图书跻身世界少儿图书出版前沿,同时也标志着中国少儿图书有了更多的机会与世界同行合作交流、共同发展。然而,我们必须清醒地看到,中国少儿图书市场仍然十分年轻。与美国和欧洲市场相比,只有 12 年历史的中国图画书市场仍然处于启蒙期。摆在面前的市场是十分巨大而诱人的,业界甚至已经在翘首盼望下一个"黄金十年"的出现。然而,由于世界出版产业形态和格局正在经历巨大变化,中国少儿图书出版产业在迅猛发展的同时,也必然面临着新的挑战,存在发展低效重复、"广种薄收"等诸多隐患,需要学界和出版界学者共同研究探讨解决方案,尽快走到提质增效的发展道路上来。

儿童图书作为一种特殊的公共文化产品,其经济属性和文化属性既相互对立又相互统一。儿童图书出版产业既要追求市场价值,又肩负特殊文化价值和社会责任。儿童图书另外一个主要特征是"创意为王"。儿童出版产业归根到底是内容产业,创新和创意是生命线。本书正是要探索当今我国儿童出版产业从粗放型发展模式向高质内涵式发展模式的转变创新路径。

3.2 中国儿童出版产业规模

按照开卷信息的分类方法,儿童图书市场按照内容与功能的差异分为低幼启蒙、卡片挂图、儿童古典、儿童卡通/漫画/绘本、儿童科普、儿童文学、儿童艺术、儿童英语、游戏益智、教辅用书 10 个子市场。各细分市场的产品特点、消费群体、竞争程度、市场周期都有所不同。当前图书出版行业市场化改革进一步深入,呈现出文化消费升级、新媒体不断发展以及向大众图书倾斜的发展趋势。这里的"少儿"可以认为与本书所指的"儿童图书"这一术语内涵与外延一致。根据中国产业信息网公布的《2017 年中国图书出版市场概况及竞争格局分析》,从 2008—2016 年的大众图书(包括社科、文艺、少儿、生活休闲四类)销量排名前 100 种图书的细分结构来看,大众图书的畅销书中少儿类与文艺类占比呈上升趋势。2012 年,两者销量占比超过 80%,而该数据在 2014 年达到 90%,是大众图书增长的主要拉动力量。"码洋"是图书出版发行部门描述全部图书定价总额的词语,是图书市场衡量图书价值的重要指标。从图书所占实体渠道整体市场的码洋来看,少儿类图书呈稳步上升趋势,2012 年占比为 15.88%,2016 年上升到 18.86%。少儿图书在零售市场的比重逐步增大,2016 年起首超社科,成为码洋比重最大的类别。2018 北京图书订货会上,有两个馆被专门用来做童书展馆。订货会上发布的《2017 年中国图书零售市场报告》显示,2017 年中国图书零售市场总规模为 803.2 亿元,其中童书占整个图书零售市场的码洋比达到 24.64%,贡献了三分之一以上的销售额,依然是最大的细分类。儿童图书依然是市场增长的主要推动力。2017 年,图书零售市场的增长有 34% 以上都是来自儿童图书。2018 年,全国少儿图书交易会(简称"少订会")在郑州启幕。少儿出版的成长性是全行业有目共睹的,开卷监测数据接二连三地证明,少儿板块是图书市场规模最大、市场增长贡献最大的细分门类。此次少订会的最新数据显示,2018 年第一季度,图书零售市场增长率为 9.78%,而少儿图书零售市场规模同比增长 11.09%,高于图书零售市场的整体水平;少儿图书零售市场的码洋比重达 24.35%,动销品种达 28 万种。图书市场超过三分之一的年度增长来自少儿市场。

2010—2015 年,儿童图书总定价及其占比都呈上升趋势。2016 年,儿童图书总定价 160.03 亿元,占图书总定价的 10.12%。从儿童图书的收益能力(码洋品种效率)来看,儿童图书的码洋品种效率为 1.8,说明儿童图书的单品收益能力是整体市场平均水平 1.8 倍,高于整体市场平均水平(1.00)。

儿童图书的出版种类也呈增加趋势。2016 年,儿童图书出版量 4.36 万种,同比增加 19.12%。2017 年,各家出版社的儿童图书品种数超过 4 000 种的有 11 家,品种数在 100 种以下的有 246 家。

从细分门类来说,儿童图书各细分门类在儿童图书出版中所占比例也呈动态变化。按照开卷公司的监控分类数据,儿童类图书细分板块及目前所占比例分别为:儿童文学类图书,市场份额约为 43%;卡通、漫画、绘本类图书,市场份额约占 14%;儿童科普百科类图书,市场份额约占 13%;低幼启蒙和游戏益智类图书,市场份额约占 13%。另外,还有儿童艺术、卡片挂图、儿童英语、国学经典等市场份额在 3% 以下的几个小的细分类图书。2014 年,儿童文学类图书作为儿童图书市场中份额最大的一个细分门类,零售码洋总规模约为 37 亿元;低幼启蒙和游戏益智类图书的零售码洋总规模与少儿科普百科类图书相同,都是约 11 亿元;卡通、漫画、绘本类图书的零售码洋规模略高,约为 12 亿元。2017 年,少儿类图书市场结构发生了一些变化:儿童文学、卡通/漫画/绘本、儿童科普百科类是少儿类图书中码洋比重较大的类别;其中儿童文学类是码洋比重最高的类别(达到 29.59%),但较 2016 年同比减少 3.87 个百分点;其次是卡通/漫画/绘本和少儿科普百科类,码洋比重分别为 24.37% 和 18.28%;游戏益智、低幼启蒙和少儿英语类的码洋占有率在 6% ～ 8% 之间;其他各类的码洋占有率均在 3% 以下。见表 3-1。

表 3-1　2017 少儿市场结构概况

项目	少儿文学	卡通/漫画/绘本	少儿科普百科	游戏益智	低幼启蒙	少儿英语	少儿国学经典	少儿艺术	青少年心理自助	卡片挂图
比例	29.59%	24.37%	18.28%	7.64%	6.91%	5.26%	2.28%	2.24%	2.20%	1.23%

从产业链的收入构成来看,每 100 元的图书码洋,民营公司参与的策划、发行、分销环节可以分配总计约 30 元码洋。国有出版社的出版和委托印刷环节通常可以分配得到 30 元码洋。剩余的零售环节和其他费用共计 40 元码洋。

从阅读的主要形式来看,尽管数字阅读接触率不断上升,但对于儿童图书而言,纸质图书仍是家长和儿童首选的阅读形式。根据 2015 年国民阅读调查报告统计,更喜欢"拿一本纸质图书阅读"的国民比例达到 57.50%。儿童图书多为经典儿童文学作品、教育类专业书籍等,尤为需要深度阅读。为了保护儿童读者仍然处于成长期的眼睛,家长也会优先为小读者选择纸质图书。而且纸质图书也具有数字阅读所不能提供的收藏属性。数字更适合新闻、网络小说等成人的"浅阅读"模式,它对纸质图书的冲击并非"非此即彼"、颠覆性的,而是要求从业者去探寻结合两者的新的商业模式。

在线下和线上渠道,儿童类畅销书榜单的细分类构成差异较大。儿童文学在线下排行榜前 100 名中共占据 82 个席位,虽然比 2016 年的席位有所下降,但依然囊括了 80% 以上的榜单席位;卡通/漫画/绘本和游戏益智分别占据了 10 个和 7 个上榜席位;儿童科普百科有 1 种图书上榜,其他各类图书均没能进入线下儿童图书排行榜中。

在线上渠道的儿童畅销书排行榜中,上榜图书的类别分布相对比较分散,主题也更加丰富一些。除了儿童文学和卡通/漫画/绘本以外,儿童科普百科、游戏益智、儿童英语和青少年心理自助也有畅销书上榜。2017 年,线上少儿榜 TOP100 中,卡通/漫画/绘本类是上榜品种最多的类别,有 43 种。此外,儿童文学类上榜品种也有 25 种,儿童科普百科、儿童英语和游戏益智图书的上榜品种分别达到了 12 种、10 种和 8 种,青少年心理自助也有 2 种图书上榜。

很多儿童阅读的题材都是经过代代家长检验过的经典作品,成为经典畅销书的常青树,它们长年稳居畅销书榜单。因此,儿童图书的时效性较低,生命周期很长,畅销热点往往变化较慢,新书的上榜情况往往表现不佳。

从《哈利·波特》开始,引进版儿童图书便在我国儿童图书市场中展现出了强大的实力,在畅销书中占据主要位置。2017 年,儿童图书排行榜 TOP100 中,本土作家作品与外国作家作品数量分别是 48 种和 52 种。

从竞争格局上来看,近几年儿童图书市场仍然是国有出版社掌控书号,但民营出版社地位提高。

随着经济水平不断发展以及国家二孩政策红利的显现，在接下来的几年间，儿童图书增长势头仍将持续，发展模式也将渐渐由追求高速转向为更注重高质，国内原创力量也将日益崛起。

3.3　主要童书出版社

由于儿童图书市场空间相对较大，再加上社会普遍认为儿童图书出版门槛较低，对编辑专业性要求不高，普通出版社都能做，所以就造成全国各类出版社都或深或浅地涉足儿童图书出版领域。根据开卷零售图书市场统计数据，2017 年，在我国 583 家图书出版社（包括副牌社 33 家）中，共有 556 家图书出版社参与了儿童图书出版的市场竞争，较 2016 年增加 5 家。当然，这 556 家出版社对儿童图书出版领域的参与度并不相同：有的是以前出版过儿童图书现在不出了；有的出版社是以成人图书为主，偶尔出版几部儿童图书，出版量非常少；有的则是以儿童图书出版为主营业务。从各家出版社的码洋占有率分布来看，码洋占有率大于 2% 的出版社有 11 家，同时有 419 家出版社的码洋占有率小于 0.1%。把参与度较低的出版社剔除后，剩下的数字仍然占全国出版社总数的 70% 左右。见表 3-2。

表 3-2　2017 年少儿图书市场竞争情况（556 家）

码洋占有率分布	≥ 3%	2%（含）~3%	1%（含）~2%	0.1%（含）~1%	≤ 0.1%				
	5	6	16	110	419				

品种规模分布	≥ 5000	4000 ~ 4999	3000 ~ 3999	2000 ~ 2999	1000 ~ 1999	500 ~ 999	100 ~ 499	50 ~ 99	10 ~ 49	< 10
	5	6	5	18	40	40	196	60	116	70

数据来源：北京开卷

　　总的来看,儿童图书市场竞争出版单位总体保持稳定,每年都是在少量增长,并且整体竞争激烈。海飞在 2018 年 6 月出版的《黄金出版》一书中,把中国加入 WTO 后竞争激烈的童书出版市场描述为"童书市场面临重新洗牌,'四狼夺子'触目惊心",此处的"四狼"指的是少狼——专业少儿出版社、老狼——老牌出版社、独狼——个体书商、洋狼——进入中国大陆市场的外国出版社或传媒巨头。事实上,随着中国改革开放力度的加大,近几年参与市场竞争的主体更趋多元化,形成了以专业少儿出版社为龙头,非专业类少儿出版社(教育出版社、大学出版社、大众出版社及其他专业出版社)、民营少儿出版企业(工作室)、中外合资少儿出版公司为补充的少儿出版格局。并且随着跨界融合趋势的发展,各行各业融合发展,互相拓展,可以预见将来会有更多主体加入儿童图书出版的宽阔空间中来。童书出版的"专业性"似乎受到了挑战,门槛越来越低。而最近几年数据显示,出版机构上报原国家新闻出版广电总局出版管理司的图书选题中,非专业少儿社的少儿图书选题约为 80%,专业少儿社仅约为 20%。

　　所谓专业少年儿童出版社,是指该出版社在成立时,国家出版行政管理部门(原国家新闻出版总署,后改名为新闻出版广电总局)批准成立该出版社的文件所核定的出书范围中包括各类儿童读物,之后该出版社被中国出版协会少儿读物工作委员会接纳为正式会员的出版社。目前属少读工委正式成员的专业少儿出版社共计 36 家(关于究竟中国目前有几家专业少儿出版社,统计数据不一,有 34 家、35 家、36 家几种说法,明天出版社社长傅大伟、资深出版人余人等学者都采用 36 家的说法)。

　　细分来看,2016 年 1～11 月出版卡片挂图类图书的出版社比上年同期增加了 11 家,儿童科普增加 11 家,绘本漫画、心理自助增加 8 家,儿童国学增加 4 家,儿童英语增加 4 家,幼儿园教材和游戏益智分别有 4 家和 1 家退出市场。

　　参与童书出版的出版社数量有所增加。由于新进入者实力非常强,所以整个市场集中度下降,呈现分散态势。从前 5 名出版社的市场份额和前 10 名的市场份额分析来看,2014 年,前 5 名出版社总市场份额达到 23%,2016 年,前 11 月已经下降到 20.9%。2014 年,前 10 名出版社的市场份额是 35%;到 2016 年,前 11 月则是 32.9%。这些数据表明,首先,领先出版社并没有达到绝对的领先优势,说明这个市场还存在巨大的机会。其次,这几年不断有优秀的出版社进入少儿市场,排在第二梯队的出版社通过不断出好书,积累了优势,逐渐蚕食掉了第一梯队出版社的市场份额(见表 3-3)。

表 3-3　非专业少儿社在市场中地位不断提升

出版社 \ 年度 \ 品种	2017	2016	2015	2014	主要出版作品
世界图书出版有限公司	21	30	139	192	少儿科普类:小牛顿的第一套科普绘本 卡通漫画绘本:宝宝的第一套好习惯养成绘本
中信出版集团股份有限公司	24	26	51	105	少儿国学经典:"给孩子"系列 少儿科普百科:科学跑出来了、"小中信"DK、儿童大百科系列
广东旅游出版社	28	167	312	310	少儿英语:中英文版儿童情绪管理与性格培养绘本
天地出版社有限公司	38	62	122	164	少儿科普百科:汪汪队立大功儿童安全救援故事书
郑州大学出版社	48	140	189	398	青少年心理自助:成长不烦恼系列丛书 少儿文学:世界经典名著童话故事绘本
陕西人民教育出版社有限责任公司	50	56	111	349	少儿科普百科:乐乐趣科普翻书

昔日因为彼此都很弱小而决定抱团取暖、合作共赢而成立的华东少儿出版社联合体如今已经成长为中国第一童书出版联合体,享有"天下童书,半出华东"的美誉。联合体的 6 家成员单位也都成长为当今少儿出版市场的大鳄。

据北京开卷零售图书市场销售监测,自 2003 年起,浙江少年儿童出版社连续 11 年保持国内少儿读物市场占有率第一。根据 2014 年度的统计数字,在儿童零售图书市场中,市场占有率最高的出版社仍旧是浙江少年儿童出版社,它的市场占有率为 6.74%,位列包括 551 家出版社的名单的榜首。在该榜单中前 10 名的其他出版社依次是二十一世纪出版社、长江少年儿童出版社、明天出版社、童趣出版社有限公司、中国少年儿童出版社、吉林出版集团有限公司、安徽少年儿童出版社、接力出版社、未来出版社。2016 年,二十一世纪出版社表现颇佳,集团整体零售市场码洋占有率 1.37%,整体零售市场综合排名第 9 位,少儿细分市场综合排名为第 1 位,是进入全国领先出版社前 10 位当中唯一一家少儿出版社;在少儿细分市场码洋占有率 5.17%,领先第 2 位浙江少年儿童出版社 0.42 个百分点;网店销售排名位列全国第 7 位,少儿类第 1 位。

值得关注的是,2014 年的榜单位列前 10 名的出版社中,有 9 家出版社是专业少年儿童出版社。这 36 家专业少儿出版社也并非都只出版少儿图书,其中也有几家综合类的出版社,其出书范围包括了少儿读物,如贵州人民出版社、科学普及出版社、重庆出版集团。然而,到了 2017 年,专业少儿社的整体市场份额稳步上升至 11.93%,超过 50% 的专业少儿社进入全国出版社 TOP100。可见,尽管涉水者众多,但真正形成出版规模和品牌影响力的非专业少儿社并不多。根据相关数据,2018 年,童书市场领先的出版发行机构中,明天出版社、二十一世纪出版社、荣信教育文化产业发展股份有限公司、海豚传媒股份有限公司、安徽少年儿童出版社、童趣出版有限公司等 6 家属于少儿类专业机构,在十强名单中占据明显优势。由此可见,由于专业少儿社拥有多年的资源积累,形成了各自的专业特长,且打造了一支极具竞争力的编辑队伍,未来仍旧会是童书精品贡献的主力军。与此同时,涉猎少儿出版的不同出版机构在产品结构上差异明显,专业少儿社在儿童文学板块优势明显,非专业少儿社的产品线建设则与机构自身的擅长领域有关,而民营少儿图书策划机构则在引进版作品和低幼启蒙板块表现抢眼。见表 3-4。

表 3-4　少儿专业社占据明显优势

排名	供应商名称
1	明天出版社有限公司
2	二十一世纪出版社
3	荣信教育文化产业发展股份有限公司
4	海豚传媒股份有限公司
5	北京启发世纪图书有限责任公司
6	中信出版集团股份有限公司
7	北京天域北斗图书有限公司
8	童趣出版有限公司
9	北京日知图书有限公司
10	安徽少年儿童出版社

数据来源:北京开卷

发展新动能,提质增效,实现内容为王,延伸少儿出版产业链,延长图书生命力。在以内容创新为导向,推动少儿出版质量变革方面,各专业少儿社各有侧重,各有特色。

中国少年儿童出版社(简称"中少社")1956 年 6 月 1 日成立,隶属共青团中央主管,是中国唯一的国家级专业少年儿童读物出版社。2000 年,中国少年儿童出版社与中国少年报社强强联合,组建了中国首家少年儿童传媒集团——中国少年儿童新闻出版总社。社长李学谦认为,在中国童书逐步从"中国加工"走向"中国制造",从"小儿科"发展成"大门类"的一片繁荣景象下,面对粗放型增长带来的产能过剩、服务滞后、结构失衡、渠道不畅等诸多问题,中少社要明确文化使命,加快构建新的少儿读物产品群、调整优化渠道结构、推进融合发展和转型升级的步伐,进一步推动发展质量变革、效率变革、动力变革。中少社调整产品结构,构建大众读物、校园读物、知识读物等三大产品群,同时,不断加大现实题材儿童文学作品、图画书、主题图书以及人文社科类等少儿读物的出版。

少年儿童出版社(简称"上少社")成立于 1952 年,是新中国第一家以少年儿童为读者对象的大型综合性专业少儿读物出版社,隶属上海世纪出版股份有限公司。

浙江少年儿童出版社(简称"浙少社")成立于 1983 年,2005 年底由事业单位转制为国有企业,系浙江出版联合集团全资子公司,是一家以少年儿童为主要读者对象的专业出版社,是业界公认的"畅销童书孵化基地"。浙少社社长汪忠说,"坚持畅销书引领,根据不同渠道特点精耕细作"是浙少社稳健发展的常态。2017 年,浙少社销售码洋首超 10 亿元,再创历史新高。10亿码洋的成绩单上,没有一本教材教辅,持续躬耕主业,80% 为原创,这是浙少社选择的出版担当。

二十一世纪出版社成立于 1985 年 2 月,前身为江西少年儿童出版社。主要出版青少年图书、期刊及相关音像电子产品,尤以出版儿童文学、青春文学、卡通动漫和绘本见长。二十一世纪出版社 2016 年全国少儿图书市场占有率第一。二十一世纪出版社市场图书出版取得如此佳绩,是因为其坚持影响力永远比利润重要的发展理念,潜心打造精品力作,出版了一批诸如《一百个孩子的中国梦》等叫好又叫座的作品,同时实施畅销书出版战略,2016 发行 10 万册以上的品种有 66 种,《不一样的卡梅拉》当年印数达 2 000

万册,成为超级畅销书。2018年,二十一世纪出版社把出版新格局定格为"驱动、扩展、连接、改造、转变"五个关键词。

明天出版社(简称"明天社")始建于1984年,是山东省唯一一家以少年儿童为服务对象的专业少儿图书出版机构。目前,明天出版社的产品线主要有四大板块,即教育读物、文学读物、低幼读物和知识读物。社长傅大伟表示,明天社并不是刻意追求出版效率和单品效益,而是注重产品质量。在该社的销售结构中,重印、再版书居多。同时他提出,未来要在保持出版效率的基础上,推出更多优质产品以壮大自身的产品规模。

童趣出版有限公司成立于1994年,是我国第一家合资出版企业。合资方为丹麦艾阁萌集团和人民邮电出版社。童趣出版有限公司是迪士尼出版在中国大陆地区的授权商。

长江少年儿童出版社有限公司(原湖北少年儿童出版社)是湖北省文化产业龙头企业——长江出版传媒股份有限公司的全资子公司,成立于1982年10月,是一家编辑力量雄厚,出版物门类齐全,在全国同行业中有良好声誉与影响力的少儿类专业出版社。开卷公司2013年10月份的监控数据显示,长江少年儿童出版社有限公司市场占有率为4.79%,位居全国少儿类图书市场中第2名。

海豚出版社成立于1986年,隶属于中国外文局,是中国少儿图书工作委员会成员单位之一,以出版儿童读物、教育、社会科学等图书见长,是国内唯一一家承担外宣出版任务的专业少儿社。

接力出版社成立于1990年,是一家专业从事青少年读物出版的机构,年均出版图书400余种。2015年,接力出版社图书销售码洋突破6亿元。2016年4月,在由伦敦书展和英国出版协会共同主办的国际卓越奖评选中,接力出版社荣获国际儿童及青少年出版商奖,成为中国首个获得此奖项的出版单位。

北方妇女儿童出版社,1984年经中宣部、文化部、新闻出版署批准,成立于长春,以促进儿童健康成长和提高妇女素质为宗旨,是中国第一家出版妇女和儿童读物的专业出版社。

天天出版社是由中国最大的文学图书出版机构——人民文学出版社出资组建、独立运作的出版社,成立于2009年8月9日。其前身是人民文学出版社少儿读物编辑室,曾经以"哈利•波特""当代欧美畅销儿童小说""中国当代获奖儿童作家书系"等优秀图书放射出耀眼的光芒。

中国和平出版社是宋庆龄基金会主管的出版机构,成立于 1985 年。2009 年改制成为中国和平出版社有限责任公司,由中国宋庆龄基金会和江西出版集团共同出资组建,是新闻出版总署批准的我国出版行业第一家跨区域重组的股份制公司。中国和平出版社有限责任公司除出版图书外,还出版《中华少年》《动画世界》等期刊,尤其注重出版富有文化内涵和高品位的知识类、文学类、科普类、美术类、低幼类及文教类图书和音像制品。

总体来说,每个省、直辖市、自治区各一家(港澳台未计算在内)专业少儿出版机构,共 30 余家,其中贵州、西藏、青海、重庆四地由于历史沿革只有少儿编辑室,没有单独建制的出版社,但他们所肩负的功能等同于其他少儿出版社。

当前少儿图书市场看似表面平静,实则暗流涌动。在产品板块,发力原创依然是各社的建设重点,科普童书市场持续发酵;渠道融合进一步加剧,直播营销、图书定制进入精细化阶段;中国以主宾国身份参加了意大利博洛尼亚童书展,"走出去"步伐进一步加快。对于专业少儿社来说,不仅要提质增效,加快发展步伐,面对不断涌入的新势力,还要持续擦亮自己的专业品牌。同时全国的童书出版又出现合纵连横的局面,大少儿文化产业格局初见端倪,童书大时代已经到来。

3.4　行业协会与知名童书作家、编辑

伴随着我国儿童图书出版的繁荣发展,我国的儿童文学作家队伍以及儿童插图画家队伍、行业协会也在不断壮大和繁荣发展。目前,可以说我国已经拥有一支原创能力较强、老中青三代梯队合理的原创儿童图书作家队伍,一批畅销书作家脱颖而出,如获得 2016 年度国际安徒生奖、《草房子》和《青铜葵花》的作者曹文轩,《淘气包马小跳》和《笑猫日记》的作者杨红樱,《童话大王》和《皮皮鲁和鲁西西》的作者郑渊洁,"中国动物小说大王"沈石溪,校园小说系列作者伍美珍,《宝贝当家》和《男生贾里全传》作者秦文君,《霹雳贝贝》和《羚羊木雕》的作者张之路。

根据开卷统计,除教辅类图书以外,2017 年有 37 位作家的作品销量占整个图书零售市场销量千分之一以上(不包含系统发行、直销及批发),其中前 18 位见表 3-5。

表 3-5　作家销售排行榜

排名	作者	销量占有率	品种数	经典代表作品
1	杨红樱	1.01%	834	《淘气包马小跳》
2	北猫	0.70%	52	《米小圈上学记》
3	［法］克利斯提昂	0.63%	108	《不一样的卡梅拉》
4	雷欧幻像	0.60%	91	《怪物大师》
5	沈石溪	0.56%	632	《狼王梦》
6	［日］东野圭吾	0.54%	166	《解忧杂货铺》
7	曹文轩	0.33%	763	《草房子》
8	笑江南	0.26%	346	《植物大战僵尸》
9	［日］佐佐木洋子	0.24%	20	《小熊宝宝》
10	鲁迅	0.23%	1282	《呐喊》
11	汤素兰	0.20%	886	《阿莲》
12	刘慈欣	0.19%	94	《三体》
13	吴承恩	0.19%	998	《西游记》
14	唐家三少	0.18%	331	《斗破苍穹》
15	老舍	0.17%	650	《骆驼祥子》
16	大冰	0.17%	5	《好吗好的》
17	朱斌	0.17%	230	《爆笑校园》
18	［英］罗尔德达尔	0.16%	39	《查理与巧克力工厂》

　　如果按照码洋来算,在这些作品销量超过千分之一的作家中,有 24 位作家的码洋占有率超过了千分之一。根据开卷公司统计,2017 年图书市场规模超过 800 亿元,码洋占有率达到全部市场码洋千分之一,也就是码洋 8 000万元以上,前 19 位作家码洋排行见表 3-6。

表 3-6　作家码洋排行榜

排名	作者	码洋占有率	品种数	经典代表作品
1	［日］东野圭吾	0.67%	166	《解忧杂货铺》
2	杨红樱	0.64%	834	《淘气包马小跳》
3	北猫	0.38%	52	《米小圈上学记》
4	雷欧幻像	0.32%	91	《怪物大师》

排名	作者	码洋占有率	品种数	经典代表作品
5	沈石溪	0.29%	632	《狼王梦》
6	曹文轩	0.26%	763	《草房子》
7	〔以〕尤瓦尔·赫拉利	0.26%	4	《人类简史》
8	〔法〕克利斯提昂	0.22%	108	《不一样的卡梅拉》
9	笑江南	0.22%	346	《植物大战僵尸》
10	吴承恩	0.22%	998	《西游记》
11	〔英〕J. K. 罗琳	0.22%	49	《哈利·波特》
12	大冰	0.21%	5	《好吗好的》
13	鲁迅	0.20%	1282	《呐喊》
14	刘慈欣	0.20%	94	《三体》
15	罗贯中	0.19%	920	《三国演义》
16	当年明月	0.17%	69	《明朝那些事》
17	曹雪芹	0.16%	796	《红楼梦》
18	唐家三少	0.15%	331	《斗破苍穹》
19	老舍	0.14%	650	《骆驼祥子》

排行榜中"中国当代科幻第一人"刘慈欣凭借《三体》获第 73 届世界科幻大会颁发的雨果奖最佳长篇小说奖、第六届全球华语科幻文学最高成就奖,2018 年 11 月在华盛顿又被授予 2018 年度克拉克想象力服务社会奖,以表彰其在科幻小说创作领域做出的突出贡献。《米小圈上学记》的作者北猫是 80 后新生代作家,曾经出现过 2017 年 5 月全国网店畅销榜少儿类前 10 名中,前 8 名都是《米小圈上学记》系列图书这种前所未有的"霸榜"现象。

另外,孙幼军、常新港、周锐、冰波、汤素兰、葛竞、王勇英、商晓娜等作家也有不少优秀作品。许多出版社从"经营图书"到"经营作家",各家出版社纷纷抢夺畅销书的"签约作家""签约画家""驻社作家",培育有潜力的作家和画家队伍。比如,多年来,中国少年儿童出版社就通过《儿童文学》的阵地挖掘了不少新锐作家。同时,国内也涌现了一批优秀的儿童图书插画家,如获得 2017 陈伯吹国际儿童文学奖年度图书(绘本)奖、首届丰子恺儿童图画书奖首奖的老一代画家朱成梁和进入 2018 年国际安徒生奖插画家奖 5 人短名单的新生代画家熊亮。

优秀的图书离不开优秀的作者,也离不开高素质的编辑队伍。随着儿童图书出版市场蓬勃发展,新技术日新月异,图书出版市场对儿童图书编辑的专业素养要求更高,尤其渴求懂出版、懂市场、懂外语、懂技术、懂读者、懂管理的复合型编辑人才。事实上,近十年我国的童书编辑队伍已经发展壮大了很多,专业化素质也有了实质性提高。首先,编辑人员数量增加,已经发展到 4 万多人;编辑队伍整体更年轻化,平均年龄在 30 岁左右;编辑队伍学历提升,博硕士比例升高,专业门类涉及经济学、管理学、传播学、教育学、心理学、外语、计算机等,大大提升了童书编辑队伍的专业化水平和跨学科能力,为童书编辑工作注入活力,为更多富有创意作品的产出提供更好的沃土;出版社的奖励和分配机制更加符合市场经济发展规律,编辑的内部动力得到激活,精品和创意营销方案层出不穷,推动童书出版产业转型升级、提质增效。

中国出版工作者协会少年儿童读物工作委员会(简称"少读工委")成立于 1994 年,在一定程度上起到我国童书出版行业协会的功能,即把控儿童图书出版行业的发展方向,通过行业协商、行业规范的办法规范童书出版行业的运作行为,引导行业内有序竞争。2009 年,中国版协把原少读工委和幼读工委合并为新的少读工委。海飞任第一任主任。2010 年建立了少读工委下设的两个平台:一个是由 32 家专业少儿社组成的中国专业少儿出版联盟,一个是由 10 家非少儿类出版社组成的中国童书联盟,形成了"一个委员会、两个联盟"大少儿出版的发展格局。少读工委对建立全国"大一统"的订货会、各专业社之间的合作分工,对联合遏制盗版、净化口袋书、反对低俗出版,对少儿出版的良性发展都起了很大的作用。另外,少读工委积极与国际儿童读物联盟接触。国际儿童读物联盟中国分会成立后,一直致力于加强同国际儿童读物出版界的交流,让全球了解中国的童书。同时,国际儿童读物联盟中国分会还设立了中国的安徒生奖,鼓励中国的儿童文学作家、插图画家创作出更多更好的儿童文学及美术作品,让他们的作品早日融入世界童书的主流行列。

在 2018 年 9 月结束的国际儿童读物联盟第 36 届世界大会上,中国儿童文学研究会常务副会长张明舟当选国际儿童读物联盟主席,成为该组织有史以来首位中国掌门人,在中国儿童文学、少儿出版、儿童阅读推广事业发展史上具有里程碑的意义,是在中国改革开放以来社会、经济、文化等各项事业全面发展的时代背景下产生的,标志着中国儿童文学和少儿出版已走进世界舞台中心,积极参与全球儿童文学和少儿出版领域治理并贡献中国智慧。

3.5　国内儿童图书大奖

国内的儿童图书大奖林林总总,评价标准、侧重点、主要涉及地域各有不同。总的说来,陈伯吹国际儿童文学奖、冰心儿童文学奖、宋庆龄儿童文学奖和全国优秀儿童文学奖并称国内四大儿童文学奖。

陈伯吹国际儿童文学奖是中国第一个国际文学奖,也是中国唯一具有国内外影响力的奖项,还具有政府参与性质。该奖项于 1981 年设立,是新中国文坛第一个以著名作家名字命名的文学奖项,是我国目前连续运作时间最长、获奖作家最多的文学奖项之一。获奖代表作品为"陈伯吹奖典藏系列",包括《走出麦地》《同窗的妩媚时光》《白天鹅红珊瑚》《小城池》《青碟》,作者分别是李学斌、彭学军、沈石溪、薛涛、王勇英。丛书主题多元,风格多样。既有从现实生活出发,关注儿童成长的校园小说;又有独具地方特色,充盈浓郁乡土气息的乡土儿童文学;也有聚焦动物王国,描写动物的生存和情感,给儿童以生命教育的动物小说。丛书配以清新优美的封面、精致考究的版式,尽显"典藏"品质。

冰心儿童文学奖创立于 1990 年,由著名学者雷洁琼女士、世界著名作家韩素音女士、著名儿童文学家葛翠琳女士创办。它由最初的单一儿童图书奖,发展为包括图书、新作、艺术等奖项的综合性大奖,目的在于鼓励儿童文学作品的创作出版,发现、培养新作者,支持和鼓励儿童艺术普及教育的发展。

宋庆龄儿童文学奖设立于 1986 年,由宋庆龄基金会、团中央、中国作协等共同主办,是当今儿童文学评选中最高规模的奖项之一,迄今已成功举办五届,40 多部优秀儿童文学作品获此殊荣,其中包括柯岩、金波等优秀作家的作品。2005 年宋庆龄儿童文学奖并入中国作协主办的全国优秀儿童文学奖,合并后的全国优秀儿童文学奖两年评选一次。这也就在事实上取消了宋庆龄儿童文学奖。

全国优秀儿童文学奖,同茅盾文学奖、鲁迅文学奖一样,是由中国作家协会主办的中国具有最高荣誉的文学大奖之一,是中国唯一的纯文学性的儿童文学奖项。它是为鼓励优秀儿童文学创作,推动我国儿童文学的发展、繁荣,为中国三亿多少年儿童提供更多更好的精神食粮而设立的。按照评奖条例,该奖每三年举行一次,凡在评选年度内出版的个人创作的儿童文学作品集均可参加评选。

　　另外,值得一提的是,丰子恺儿童图画书奖每两年评选一次,旨在推广优秀的华文原创儿童图画书及表扬为儿童图画书做出贡献的作者、插画家和出版商,是第一个世界级的华文儿童图画书奖。该奖项由致力推广儿童阅读与亲子共读的陈一心家族基金会发起,在著名艺术家丰子恺先生的女儿丰一吟女士的支持和允许下,该奖有幸得以丰子恺先生之名命名。

第 **4** 章

世界其他国家儿童出版产业发展经验借鉴

随着全球化的发展，世界上各个民族和文化间的交流日益增强，各个图书出版组织的联系也日益频繁。儿童图书出版商、销售者以及与儿童出版相关的所有组织和人员也就有了更多的机会互相交流，相互促进。

4.1 主要西方国家图书出版产业及童书出版业
发展现状

数据显示，2017 年全球书业整体小幅下滑，纸质书销售增速放缓，电子书销售稳中有升，童书依旧 90% 左右来自纸质出版。在多媒体挑战下，读者流失现象凸显。美国出版商协会发布了 2017 美国书业年度报告。该报告显示，2017 年美国书业总销售额为 262.3 亿美元，略低于 2016 年的 262.7 亿美元，销售册数为 27.2 亿册。成人非虚构类图书是增长最快的类别，2016—2017 年，收入增长了 5.4%。自 2013 年以来，该类别的收入增长了 28.4%，达到 61.8 亿美元。2017 年，成人非虚构类图书销售册数比 2013 年增加了 1.5 亿册。成人小说销售下降 1.2%，为 43.8 亿美元。2017 年儿童和青少年的小说和非虚构类图书销售量均超过 2016 年，分别增长 1.1% 和 4.4%。2013—2017 年，儿童和青少年小说的收入增长了 11.3%，达到 36.7 亿美元，儿童和青少年非虚构类图书收入下降了 2.3%，为 6.52 亿美元。有声书是增长最快的形式，2017 年同比增长 28.8%，为 8.2 亿美元。2013—2017 年，有声书收入增长了 146.2%。平装书销售超过 10 亿册，是 2017 年销量最大的版式。平装书占所有类别图书的 36.9%。

尼尔森图书调查公司的统计显示，2017 年英国书业的典型特征是多类别图书引领国内市场。2017年英国大众图书市场上小说类销售额增长1.7%，是增幅最大的图书类别；专业类图书增长0.6%，达到1.649亿英镑；成人非虚构类高级平装本下滑0.6%，至6.874亿英镑；童书下滑0.03%，至3.82亿英镑。尽管童书收入下滑，但2017年是童书出版自尼尔森统计以来仅次于2016年的最好成绩。杰米·奥利弗的《5种成分》登上2017年TOP 10畅销书（销量）榜冠军。《坏爸爸》位居第二，比2016年的《午夜帮》多卖了2.3万册。《世界上最坏的孩子2》位列第五，在TOP 20榜单中有5本出自威廉姆斯之手。在非虚构类图书版块，许多细分类别图书保持多年增长态势，如身心类和个人发展类。科普类图书在智人话题的带领下，2017年达到了历史高点。传记及自传类图书10年来首次实现增长，政治与政府类图书在2016年下挫后，在《火与怒》的引领下，2017年实现了两位数增长。在童书板块，只有几个细分市场实现销量、收入的双增长，还有几个细分市场销量下滑但收入增长。在2016年《哈利·波特与被诅咒的孩子》卖出150万册、进账1 600万英镑后，这个市场空白在2017年由其他作者的作品来填补，但儿童小说销售还是减少了41.4万册，收入减少620万英镑。儿童非虚构类图书是童书领域增长最多的类别，凯特·潘科赫斯特的《改变世界的伟大女性》等女性主义图书成为该类图书中的领头羊，带领儿童非虚构类图书继续增长。此外还有《口袋妖怪》《我的世界》和《星球大战》等大IP的衍生出版物共同推动市场增长。此外，在大英图书馆举办"哈利·波特主题展"期间，有两本展出的与哈利·波特相关的非虚构类图书卖出了100万英镑。

2017年，读者流失现象在德国比较明显。从2013年到2017年，德国大众图书市场购书者减少640万（17.8%），2017年，读者数量只有2 960万，占10岁以上人口的44%。5年间，40～49岁的阅读人数减少了37%，30～39岁的读者减少了26%，20～29岁的读者减少了24%。这些年龄人群的购书消费也在减少，这说明德国年轻读者的流失现象非常严重，而19岁以下及50岁以上人群的购书支出保持稳定或增长。购书者减少导致图书销售下滑。2017年，大众市场售出3.67亿册图书，比2013年减少3 100万册。经常购买图书的人买书更多、支出更高。2017年，常购书者平均购书量为12.4册，2013年为11.0册，平均购书消费从116.7欧元增至137.4欧元。2017年，新书品种减少321种，为72 499种。其中，小说的新书品种从13 891种增至14 273种，儿童文学的新书品种减少209种，为8 752种。2017年，引进版新书数量增加 8 种,达到 9 890 种,占比 13.6%。外语引进版图书最多的是英语、法语和日语。德语图书售出版权贸易增长 7.5%,达到 7 856 种,是 2011 年以来的最高水平。各细分类别图书均有不同幅度的增长:旅游类增长 63.6%,卖出 72 种图书版权;非虚构类增长 36.5%,卖出 849 种;学校教材增长 35.8%,卖出 288 种,版贸数量占比 38.7%;最为活跃的儿童文学 2016 年交易量为 2 883 种,2017 年增至 3 037 种。向中国售出版权 1 261 种,中国是德语版权输出最多的国家,但是与 2015 年的 1 514 种和 2016 年的 1 425 种相比,已连续 2 年下滑。

2017 年,日本纸质图书销售收入 7 626 亿日元,比 2016 年减少了 3.1%。纸质期刊销售收入为 6 781 亿日元,同比减少了 10.6%。纸本图书和期刊的总销售收入为 1.44 万亿日元,同比减少了 6.8%。数字出版增长 16%,达到 2 215 亿日元。2017 年,日本纸质和数字出版的总销售收入为 1.66 万亿日元,比 2016 年减少了 4.2%。日本出版业 10 多年来一直处于这种负增长状态,与最高峰的 1996 年(2.65 万亿日元)相比,规模缩小了近 52%。2017 年,日本出版业再次爆出冷门,在日本出版业举足轻重的漫画书纸质版销售低迷,导致期刊销售出现了前所未有的 2 位数下跌(10.6%),同时高达 43.5% 的退货率也表明期刊出版遇到了危机。图书销售收入虽然仅下滑了 3.1%,但退货率也高达 37.2%。《出版年鉴 2018》显示,2017 年日本发行新书 7.5 万种,比 2016 年减少了 3.5%。从各类别图书的比例分布看,社会科学类占 18.8%,文学类占 17.5%,艺术类占 16.4%,科学技术类占 10.1%,自然科学类占 8.9%,儿童读物占 6.7%,历史类占 6.0%。出版发行新书最多的是角川书店,该出版社 2017 年出版发行新书图书 3 982 种,名列第一。其次是讲谈社,1 845 种;名列第三的是宝岛社,1 143 种。2017 年期刊发行 3 480 种(2016 年 3 589 种),新创刊的期刊 77 种(2016 年 86 种),休刊期刊 121 种(2016 年 157 种)。2017 年 41.6% 的新书价格设定在 1 000 ~ 1 999 日元之间,全部书的平均定价是 2 305 日元。从 2007 年到 2017 年,新书平均定价基本呈下降趋势,2017 年比 2007 年降低了 244 日元。其原因在于日本图书销售常年不景气,出版社不敢提高书价,唯恐影响销售。但是,低价并没有起到促销的作用,图书销售一直没有回升的迹象。2017 年,两本童书引起广泛关注。榜单第五的《真有趣! 不可思议的进化 令人惋惜的生物词典》由动物学家今泉忠明主编,他用图文并茂的形式向小读者讲述了动物的一些弱点以及在进化过程中失去的特征。父母读给 2 岁以下孩子听的《不倒翁》也大受欢迎。书中文字多为拟声词，有很多年轻的爸爸妈妈将自己朗读这本书的音频发布在网上，同样的文字出现了千变万化的声音，父母们尝试着各种声音，孩子百听不厌。日本的数字出版一直呈递增态势，增长动力主要来自数字漫画书，而欧美其他国家数字出版的增长主要来自小说。根据日本出版科学研究所的统计，2017 年，日本数字出版销售收入增长 16%，达到 2 215 亿日元，其中漫画书增长 17. 2%，达到 1 711 亿日元，图书增长 12. 4%，达到 290 亿日元，数字出版在日本出版业的收入占比已达 13. 9%。

4.2　主要西方国家图书出版产业发展趋势概要

4.2.1　互联网、数字化与新媒体对国际出版业的影响不容忽视

2017 年，美国电子书收入为 20. 5 亿美元，比 2016 年减少了 1. 1 亿美元。2017 年，出版商在实体书店和网络书店的销售额首次几乎相当，分别为 76 亿美元和 75 亿美元。网络渠道的零售中，43. 2% 为纸质版，27% 为电子书，16. 3% 为教学材料，10. 5% 为下载有声书，3. 1% 是实体有声书（光盘和磁带）或其他格式。美国出版商协会根据收集的数据称，电子书销售已经趋于平稳或正在下降，但是算上亚马逊的电子书销售，从整体上看，美国电子书销售仍在继续增长。"作者收入"网站（Author Earnings）监测的是网络售书数据，由网络蜘蛛从网络书店，如亚马逊、巴诺书店、苹果、谷歌、科博，抓取传统出版、自费出版和亚马逊出版的 100 万种纸质书、电子书、有声书每天的实时销售数据（销售册数），市场覆盖率达 96%，是公认的美国电子书的销售数据和分析提供者。"作者收入"网站统计的数据显示，亚马逊纸质书仍然在快速增长。亚马逊销售纸质书 3. 12 亿册，占尼尔森图书调查公司监测的 2017 年纸质书销售额的 45. 5%。加上该公司尚未监测的 15% 的纸质书销售部分，亚马逊在美国纸质书市场的份额至少达到 40%。这还不算亚马逊纸质书自费出版平台创意空间上每年销售的 1000 万～1500 万册纸质书。而且，亚马逊在美国纸质书市场的份额仍在快速增长。2016 年，尼尔森报告的纸质书销量为 6. 74 亿册，而亚马逊网络书店的纸质书销售 2. 8 亿册，占销售总额的 41. 7%。2015 年，尼尔森报告的纸质书销售 6. 53 亿册，亚马逊网络书店的纸质书销售 2. 46 亿册，占尼尔森调查数据中销售总额的 37. 7%。美国

实体书店的代表巴诺书店的纸质书销量在 2017 年尼尔森统计数据总数中占 23%,这意味着巴诺书店现在每年销售的纸质书仅是亚马逊销量的一半。而且,巴诺财报显示,巴诺的纸质书销售每年萎缩 4%。大型超市如沃尔玛和好市多销售的纸质书约占尼尔森统计总销量的 14%,但是这个渠道的纸质书销售每年下降 7% ～ 8%。独立书店的销售虽然回暖,但是这个渠道占美国纸质书市场的比例不到 6%。换句话说,过去几年纸质书销售的年增长率为 2% ～ 3%,很大程度上归功于亚马逊通过网络销售的纸质书的数量在迅速增长,而其他所有渠道的纸质书销售都在缩减。亚马逊在美国电子书整体市场中的份额约为 83%。其中很大一部分是 Kindle 自费出版服务的电子书以及亚马逊自己出版的电子书。因此,对五大出版集团而言,亚马逊占其电子书销量的 70% ～ 75%,已经成为美国图书市场的巨头。

世界其他地方情形略有不同。自出版和数字先行的出版商抢走了电子出版的风头,有声书 25% 的高速增长填补了电子书下滑造成的部分空白。2017 年,英国传统出版商的电子书收入比 2013 年减少了 25%,而数字有声书比 2013 年翻了一番还多。报告统计有声书的市场规模为 3 100 万英镑,这个数据没有计入 Audible 在英国的收入,实际上英国有声书的总规模是其 3 倍。

在德国,电子书的重要性日益凸显,读者买了更多电子书。2017 年,德国有更多的电子书通过网络售出,大众图书市场上电子书销量增加 100 万册,共卖出 2910 万册。每位消费者平均购买 8.3 本电子书,这意味着比 2016 年增加了 12.6%。电子书销售收入减少 1.4%,因为消费者更愿意购买低价的电子书。电子书的平均售价继续下滑,比 2016 年减少 5.1%,2017 年的均售价为 6.38 欧元。购买电子书的读者数量从 2016 年的 380 万人减少到 350 万人,下降幅度为 7.7%。电子书的收入占比与 2016 年持平,仍为 4.6%。数据显示,2017 年德国电子书销量增长,其销售收入首次出现小幅下滑,这意味着低价电子书销量更高。

在法国,2017 年电子书销售额迎来 9.8% 的大幅增长,达 2.017 亿欧元,占图书营业总额的 7.6%(前一年为 6.79%),其中大学类和职业类电子书销售占比高达 75%。就文学类图书而言,电子书只占 4.2% 的销售额。有 1 479 家出版商提供电子书,共计约 28.2 万种图书,其中 3.5 万种图书出自 FeniXX 出版社,该社将绝版的 20 世纪图书重新出版,并投放市场。口袋书销售额基本维持稳定,营业额为 3.795 亿欧元,占总营业额的 14.3%,较 2016

年增长 0.29%；销售共计 1.165 亿册，占总销售册数的 27%，较 2016 年减少 0.23%。

日本通常在纸本书畅销后再推出电子版，因此电子版销售也呈上升趋势。一般统计认为，纸本书销售 5 000 册，相对应的数字版销售 100 册，但是数字版的开发成本比较高，除了少数畅销书以外，一般图书推出电子版的仍比较少。东野圭吾等知名小说家对数字出版持消极态度，不同意自己的作品数字化。日本的数字图书出版中知名作家的作品较少。大型出版社凭借雄厚的资本不断开拓数字出版市场，并有很多新的创意。比如角川出版社，在网上创办小说比赛，投票选出来的优秀作品由角川出版社正式出版数字版，这样在数字出版之前就有了读者，出电子书后能保证有一定的销量。对于中小型出版社来说，数字转型则相对比较艰难。

4.2.2　自助出版渐成潮流

电子阅读器的普及、自助出版平台的逐渐成熟，为自助出版这一年轻行业开辟了更广阔的空间。自助出版起源于美国并繁荣于美国。在美国，自助出版曾经是许多因被出版社拒绝而受挫作者的不得已选择。而如今由于其价廉、快捷等优势，自助出版成为越来越多知名作家的首选。与此同时，随着数字化技术的不断推动，美国图书出版市场越来越多地采用自助出版模式，自助出版已经成为无法阻挡的潮流。自助出版者更热衷于将自己的作品通过独立书店以纸质版图书的方式出版，从而吸引更多读者。与此同时，自助出版平台或企业也越发成熟，经过多年营销以及运营经验的积累，自助出版界的巨头也应运而生。美国 75% 拥有国际标准书号（ISBN）的自助出版图书由斯马史沃兹公司、创意空间和自助出版平台鲁鲁三家推广、营销。除自助出版巨头之外，美国实体书店或出版机构也纷纷开始涉足自助出版业务。后来亚马逊、苹果、索尼这些硬件设备提供商也开始挺进自助出版领域并已从中分得一杯羹。亚马逊旗下的创意空间平台是目前最大的纸质书自助出版平台，2017 年一年出版图书 501 043 种。而在电子书自助出版方面，Smashwords 平台以 8 9041 种的出版总量继续保持领先地位。美国 Bowker 公司最新公布的数据显示，2016 年，自助出版图书申请国际标准书号共 786 935 个，比 2015 年增长了 8.2%。其中，纸质书书号数量上涨 11.3%，总数达到 638 624 个；电子书书号数量下降 3.2%，具体数量为 148 311 个。由于 Bowker 公司此次对自助出版图书的统计主要依据书号数量，因此使用亚马逊公司 KDP（Kindle 直接出版）服务的图书不在统计范围内。2015 年,自助出版纸质书所占书号数量上涨了 34%,相比之下,2016 年 11.3% 的上涨速度较为缓慢。自助出版电子书数量在 2016 年确有下降,但降幅不及 2015 年的 11%。此次统计的负责人比亚特·巴布兰表示,"总体上看,最新数据表现出自助出版产业成熟稳定的发展态势。"与此同时,自助出版在欧洲也开始渐渐繁荣。

4.2.3　出版巨头并购开拓新市场

放眼全球,大型出版企业正通过转型升级来拓展发展空间、探索新的发展模式,纷纷将目光放在全球市场。由于出版业对规模效应的依赖,造就了业内不断发生国际并购行为,集团化趋势越来越明显。2013 年,国际出版界最令人瞩目的新闻事件就是兰登书屋与企鹅出版社的合并。2013 年 7 月 1 日,德国贝塔斯曼集团正式宣布已与英国培生集团签署最终协议,双方将合并各自旗下的兰登书屋与企鹅出版社,以组建世界上最大图书出版公司——企鹅兰登书屋。由于这两家出版社的主要市场都集中在专业出版和学术教育出版领域,合并后的企鹅兰登书屋的市场份额更加集中,收入不断增长。此外,法国出版业巨头阿歇特集团的美国子公司阿歇特图书集团收购了迪士尼旗下的亥伯龙出版公司。英国培生集团则在 2013 年收购了巴西最大的英语培训学校群多集团,进一步深入巴西出版教育市场。

此外,抛售自身并不擅长或赢利不佳的业务,也是出版集团调整运营结构的重要方式。2013 年 3 月,美国麦格劳·希尔集团以 24 亿美元的现金价格将旗下的麦格劳·希尔教育公司出售给阿波罗全球管理公司麾下投资基金。通过调整,麦格劳·希尔集团将重新启动股票回购计划,同时进行有选择的并购交易。同年 8 月,德国学术出版巨头施普林格以 33 亿欧元(约合 44 亿美元)的价格接受了私募股权公司 BC Partner 的收购。

部分大型出版集团致力于开发新兴市场,走向国际化市场,通过投资、合作等方式达到与本土出版企业互利共赢的目的。研究发现,世界出版巨头近年来特别重视发展中国家的市场,尤其是其在中国的发展。如英国培生集团一直以来都涉足中国教育服务,在中国拥有广泛的合作伙伴,在积极寻求本土化合作方面具有非同寻常的深度和广度。除了中国市场外,巴西和印度等发展中国家也是国际大型出版企业扩展海外业务的首选地。

4.3 美国童书出版产业

尽管美国少儿图书出版作为一个独立学科建立时间之短常常让人惊讶,然而它在近现代的发展却引起世界瞩目。在美国,最早的图书出版可以追溯到早期新英格兰时代。但是,美国第一个少儿书店却是在 1919 年由麦克米伦公司开创,由路易斯·西蒙主编经营和管理。同时,随着全国专门针对儿童的公共图书服务的发展,其他少儿类书店也随之发展起来。当时少儿图书比较有名的编辑包括麦克米伦公司的路易斯·西蒙、朗文-格林出版社的博萨·甘特曼、双日出版社的梅·马西、哈珀兄弟出版社的首位童书编辑弗吉尼亚·柯尔库斯等。20 世纪 20 年代,美国的经济发展迅猛,出版界也在不断的实验和创新中蓬勃发展。在《出版人周刊》主编弗雷德里克·梅切尔的建议下,纽伯瑞儿童文学奖 1922 年由美国图书馆儿童服务学会设立,该奖每年颁发一次,专门奖励上一年度最优秀的美国儿童文学作品。纽伯瑞 1713 年出生在英国,是世界上第一个专门为儿童出版图书的出版商,还创立了世界上第一个专门印刷儿童读物的印刷厂和第一家专门的儿童书店。他打破当时保守主义的风气,倡导"快乐至上"的儿童教育理念,深受儿童喜爱,开辟了欧美儿童文学之路,被誉为"儿童文学之父"。第一位获得纽伯瑞儿童文学奖的是亨德里克·威廉·房龙创作的《人类的故事》,该书迄今仍在印刷。20 世纪 20 年代还诞生了《小熊维尼》《小鹿斑比》和《一百万只猫》等儿童文学经典之作。可以说,20 世纪 20 年代美国儿童图书出版的繁荣景象是与儿童图书编辑们的辛勤工作密不可分的。

20 世纪 30 年代,美国经济陷入低迷。然而,出版业却艰难地生存下来。也许是因为人们没有钱从事读书以外的其他娱乐形式,图书馆里图书流通量反而得以增加。比如,一本装帧精良、插图精美的少儿精装图书在 30 年代中期仅售 1.5 美元,一位首席主编的薪水约为每周 75 美元,而一位作者能拿到手的版权预付金不过是 250 美元。儿童图书在这一时期依旧呈现出良好的发展势头。弗雷德里克·梅切尔加入维金出版社,该出版社也逐步成为业界最受尊重的企业之一。路易丝·博尼诺成为兰登书屋首席编辑,从法国引进《小象巴巴》系列,风靡一时。专门出版童书的假日出版社于 1935 年建立。20 世纪 30 年代的经典主题有玛乔丽·弗拉克的《小鸭子历险记》、帕梅拉·林登·特拉弗斯的《欢乐满人间》、萝拉·英格斯·怀德的《大森林的小屋》、曼罗·里夫的《费迪南的故事》。苏斯博士于 1937 年出版《想起我在桑树街见过它》，他后来还获美国图画书最高荣誉凯迪克奖和普利策特殊贡献奖。

20 世纪 30 年代，著名的插图画家包括《和我玩好吗？》的创作者玛莉·荷·艾斯、《小猪弗莱迪》的创作者库尔特·威斯、《兔子坡》的创作者罗伯特·罗素、《公鸡喔喔啼》的作者莫德·比得沙姆和米斯卡·比得沙姆。杰出的欧洲插画家路德威·白蒙（《玛德琳的救援》的创作者）和费多·洛詹可斯奇（《青蛙先生的婚礼》的创作者）为了逃避战乱逃到美国，为美国儿童图书的发展贡献了他们的才华。这些插画家大多兼做作家，多次获得凯迪克奖或者集凯迪克奖和纽伯瑞儿童文学奖于一身。作为全球儿童图画书最著名的奖项之一，美国凯迪克奖于 1938 年由弗雷德里克·梅切尔设立，以 19 世纪英国儿童文学最杰出的插画家伦道夫·凯迪克的名字命名，是美国图画书界最重要且代表最高荣誉的奖项。这个奖主要奖励"以最杰出的艺术表现及图像诠释完成的儿童图画书"，评审标准以儿童读者为诉求对象，包含图画的艺术技巧及图像诠释主题、概念、情节、角色和情绪氛围等能力。凯迪克奖不以说教为目的，肯定了图画书的艺术价值，确保图画书的文学质量。对读者而言，它提供了一座文学结合艺术的宝库，对儿童文学和童书出版业的发展做出杰出贡献。1938 年，桃乐斯·赖斯罗普凭借《圣经中的动物》成为第一个获得凯迪克奖的人。

20 世纪 40 年代，二战硝烟弥漫欧洲，而美国的儿童出版业在物资极度匮乏的情况下依旧顽强地生存了下来。金色童年绘本系列在 1942 年秋进入美国大众儿童图书市场，其特色是由一流的作者和绘画家联袂合作创作，装帧精良却价格低廉（一本甚至低至 25 美分）。据记载，1943 年 8 月，美国国内金色童年绘本系列的订单已经达到 470 万册，其成功体现了在儿童出版市场美国与英国、瑞典等欧洲国家的不同。美国的童书明确地分为两类：专门针对图书馆的所谓"高质量读物"和针对大众市场、量大价低的"大众读物"。而欧洲市场是不存在这样的分类的，童书设计和策划的时候就是满足各层次需求的。然而美国儿童图书的分类泾渭分明，图书管理员内心里是瞧不上那些"大众读物"的，即使它们由著名的绘本大师玛格丽特·怀兹·布朗所著。而书商们觉得硬皮封面的精装书价位过高，并不适合零售。即使到了当代社会，出版社、图书销售人员和图书管理员依旧在努力在两种儿童出版物中间找到平衡点。

在 20 世纪 40 年代，儿童出版界涌现出一批新的、对后世影响深远的编辑，如汤姆斯·科伦威尔出版社的主编伊丽莎白·赖利、哈珀与罗出版公司的主编厄苏拉·诺德斯特罗姆、哈考特出版社的主编玛格丽特·麦凯德里。这一时期儿童读物的代表作包括多丽丝·盖茨的现实小说《蓝柳》、罗伯特·麦克洛斯基的《让路给小鸭子》、埃丝特·福布斯的历史小说《乔尼·特瑞美》和 E. B. 怀特的《精灵鼠小弟》等。

在二战结束之时，美国儿童图书的读者主要是中产阶级。大部分公共图书馆都有专门的儿童阅览室，但是图书馆的对外功能还不够强大和丰富。20世纪 40 年代，几乎每所高中都配备了图书馆，但是很少有小学配备了图书馆。20 世纪 40 年代后期，书店里的儿童读物数量稀少，价格昂贵，平装本的童书极少见到。最畅销的低价童书需要在图书折扣店或者其他大众图书市场买到。那个时候电视机还未流行起来，父母和老师所担心的是孩子们对收音机上瘾或者动漫书里面涉及暴力的内容过多。

1957 年，苏联发射了世界上第一颗人造卫星，促使美国通过了《国防教育法案》。根据该法案，联邦政府需要拨发专款给学校购买科学和数学方面的书籍。这是美国历史上首次由国家向学校图书馆进行广泛的财政支持，也由此引发了青少儿非小说读物的大量创作和印刷。1954 年，美国最高法院判决著名的"布朗诉托皮卡教育局案"，终止了公立学校中的种族隔离，国会也通过了反对种族隔离法案，随后而来的民权运动风起云涌，这些都对美国社会和美国儿童出版界产生了深远影响。然而，总体而言，20 世纪 50 年代，美国儿童图书所反映的依旧是中产阶级主导的美国文化价值观。它们的背景往往是两层的小楼，前面有静谧美丽的绿草地，刚刚下班而来的爸爸带着愉悦的心情从宽敞的门廊进入家门，妈妈在厨房忙碌，准备丰盛的晚餐，哥哥和他的好朋友在外面打棒球，妹妹在给她的布娃娃换新衣服。后来，他们各自遇到了友情、初恋等成长的烦恼，然而这些小小的困扰会逐一解决，迎来幸福的结局。这种以中产阶级家庭为背景虚幻美好的画面为后世的批评家所诟病，认为它们掩盖了社会现实，有着不可忽视的局限性。然而，当时的作家、教育者甚至孩子们自己并不认为有何不妥。20 世纪 50 年代，诞生了一系列后世所熟悉的经典之作，包括 E. B. 怀特的《夏洛的网》、玛丽·诺顿的《借东西的小孩》。1956 年，格温多林·布鲁克斯第一本写给孩子的诗集出版。当时著名插图作者有汤米·温格尔和莫里斯·桑达克。在 20 世纪 50 年代，还出现了颇受后世追捧的美国科普读物《让我们读书和发现》和哈珀·柯林斯出版社的简易读物"I Can Read"系列。

20 世纪 60 年代,美国儿童出版界出现了前所未有的变化。经济上,约翰逊总统提出了建设"伟大社会"(Great Society)的内政纲领,倡导保障民权,消除贫困。在此政策下,1964—1968 年,儿童图书的销售额急剧攀升。出版商们不断雇佣新的员工,爆发性地推出整套跟教学大纲相关的图书。政府和学校不断翻新扩建原来的图书设施,建设新的图书馆,图书数量不管质量良莠都大幅增加。后来随着越战爆发,约翰逊总统离职,"伟大社会"计划再也无人问津,联邦政府对教育的投资骤降,甚至比尼克松和福特总统时代还低。然而,图书馆的基本收藏依旧还在,有些在随后的几年甚至还有所扩张。20 世纪 60 年代,少数群体,尤其是黑人的民权运动风起云涌。1965 年,南希·拉里克在《星期六评论》上发表《全是白人世界的儿童书》,第一个质疑当时的童书出版界几乎全部以中产阶级白人家庭为主要家庭背景的倾向。黑人、普埃布罗族和其他少数群体开始通过图书、报刊等媒体发出他们自己的呐喊,如《会飞的人》的作者弗吉尼亚·汉密尔顿和《一切向好:埃尔巴里奥的故事》的作者尼古拉斯·摩尔。其实当时的中产阶级家庭也面临着离婚、年轻人吸毒、家庭动荡等变化,这些都反映在当时的儿童图书里。同时,这一时期儿童图书的艺术表现呈现出新的特征。给大孩子读的青少年读物里出现一些不甚文明、不甚规范的语言,故事的结局也不再总是美满。鉴于这一时期儿童文学艺术表现形式和主题的多样性,评论家们称其为"新现实主义"儿童文学。代表人物包括《小侦探哈里特》的作者路易斯·菲茨休、《爵士王国》的作者奈德·恒德夫等。莫里斯·桑达克的《野兽国》曾经获得凯迪克奖、国际安徒生奖等国际大奖,然而在其诞生之时却因其画面中的怪兽形象对儿童而言太过"恐怖"而引起颇多争议。

进入 20 世纪 70 年代,受经济危机影响,美国政府税收锐减,导致公共图书馆和学校图书馆财政预算收紧。同时,纸张、印刷和装订费用飞涨,导致图书价格不断走高。出版商们只能努力扩大读者群勉力维持。伴随着经济危机而来的还有保守主义的抬头,大批父母强烈要求现实主义的童书作品从图书馆的书架上撤下来,其中一个要求下架的目标就是朱迪·布拉姆的作品。他的作品《你在吗,上帝?是我,玛格丽特》《不是世界末日》等吸引了不少当时的小读者。然而在此期间,一些出版社,如 DELL 等开始重印经典儿童图书平装本,获得了更多读者的认可。为了能够弥补图书馆市场的衰退,很多精装书出版商也开始发行平装书,一些图书连锁店也给了平装书更多的空间。此时很多新兴的、独立的儿童书店开始在全国的城市和郊区涌现。

美国儿童图书出版产业随着20世纪80年代国家经济跌入低谷而进入最低潮。有些知名出版社,如麦格劳-希尔公司、福劳特和卡沃德-麦肯公司停止了其童书出版业务。其他出版社,如双日出版社、斯克里内尔书店和皇冠出版社,改变了自己儿童图书的风格或减少了新的儿童图书的出版。

在1982年底触底之后,美国儿童图书出版产业在1983、1984年间开始出现反弹趋势。一些浪漫主义和"选择你自己的冒险故事"的平装书开始大受欢迎。父母和图书管理员开始注重针对低幼儿童的图书,也就催生了简洁易懂、色彩鲜艳的图画书市场的开发。小学生人口激增和社会对教育和阅读的重视都为儿童图书市场的发展注入新的活力。当然,那时候并没有人会期望童书市场的发展能恢复到20世纪60年代的水平。联邦政府对图书馆的拨款依旧短缺,甚至因为财政赤字还会减少。投资新书的资金只能来自州政府或者当地,因此也就不会有显著提高。

此时的出版商们也已从20世纪70—80年代出版产业状况中学到了很多经验教训。他们继续寻找能够在书店争得一席之地的图书,开发能复苏图书馆市场的新手稿。可是,书店对于新儿童图书的消化毕竟有限。在过去的10年或者15年中,每年图书馆能够接纳2 000多种新童书。因此,童书市场的关键还在机构市场。同时,就选题(很多预售案例)、排版(通常色彩艳丽)和价格(必须低廉——这就意味着有必要大规模印刷)这些方面而言,书店在儿童图书市场的份额也日益增多。

可以说,在整个20世纪,大约每10年都会对现有儿童图书出版产业的格局和流程带来新的挑战。然而,某些儿童图书制作和出版的经典之作仍然会代代流传。这就是为什么《一百万只猫》《大森林里的小木屋》《夏洛的网》和《野兽国》等作品近百年来畅销不衰。

到了近现代,人们开始更多地关注电子技术会对图书出版产业带来怎样的影响。有些人认为将来的书会被投影到屏幕上,线装书将成为过时的东西。然而,这对于一些例如百科全书的参考书籍也许管用,但是对于大部分人而言,手持一本纸质图书,按照自己的速度阅读仍然是一种难以割舍的习惯。

　　根据尼尔森公司的调研,2017年,美国儿童出版产业繁荣发展,共卖出2.33亿本童书(2012年为1.81亿本)。资深出版商麦克林说,在过去的5年,美国的童书已经从出版界的细枝旁节走向中心。它的增长速度超了印刷业整体发展水平,2017年比2016年增加了4%的销售。儿童纸质图书的发行量超过电子图书,后者只占整体发行量的9%、写实文学作品的1%。尽管电子图书带来很多便利,大部分儿童仍然感觉阅读它们容易疲劳,所以更倾向于能够带给他们美妙触感的图画书或者精装书。这也是6年来儿童精装书首次超越电子图书。尼尔森还对读者发现和购买图书所偏好的渠道进行了调研,结果显示,2017年大众零售商市场的份额稳定增长,如塔吉特公司、好市多和沃尔玛。2017年,美国童书中非小说类儿童读物保持强劲势头,如风靡全球的游戏“我的世界”的搭售书和STEM主题的活动书。精装书的销量较之2016年增长7%。青少年小说类作品中,科幻小说持续火爆,这部分是因为哈利·波特系列在本年度再出新书。地图小说在本年度保持了自2011年以来上升的趋势。57%的连环漫画书则主要由13岁至29岁的读者购买。看起来重视视觉感官的新生代读者对漫画书情有独钟。目前,《神探狗狗》系列、《幽灵》《戏剧》等图书都受到年龄稍大些的青少年读者的欢迎。诸如《晚安,月亮》之类常规主题的童书依旧在书店占有一席之地,它们代表着在这样一个充满挑战的时代人们对温暖、舒适和温情的渴望。

　　公众往往对包括儿童读物在内的图书市场的未来充满焦虑,担心将来市场过度饱和,零售书店不得不纷纷关门。尽管美国最大的实体书店、全球第二大网上书店巴诺书店(排名仅在亚马逊之后)的季度销售报告仍令人失望,然而麦克林仍然对童书市场充满期待,因为“即使在经济大萧条时期,父母宁肯不给自己买东西,也会舍得为孩子购买图书的”。

　　随着数字时代的到来,约有37%的两岁及两岁以上儿童在使用手机,然而鉴于父母对孩子网络安全性心怀忧虑,他们仍然会支持订阅书籍或者对儿童安全可靠的网络平台或者跨平台产品。内容创作者和提供者在全世界数字娱乐快速扩张的时代仍然有很大的机会抓住小读者的注意力,因为阅读本身的重要性已经深入人心。

4.4 亚洲儿童出版产业

4.4.1 概况

总体来说,近年来,亚洲儿童出版产业特征可以总结为:图画书依旧强劲,原创生根发芽,数字出版不断突破。魔法奇幻在占据童书排行榜前列相当长时间后终于失去了其魔力。随后的吸血鬼和狼人故事在某些地区却没有向魔法奇幻那样快速被读者接受。《小屁孩日记》的销量则因为东西方儿童生活和成长环境不同而受到影响。然而,这些进口畅销书却激发了当地作家为儿童创作长篇作品的热情,并且推动了目前仍旧比较薄弱的 YA 图书市场的发展。

总体说来,图画书,无论是本土作品还是翻译作品,都在亚洲受到了热捧。版权公司过去总是追随欧洲和美洲出版公司,现在却更愿意和周边邻居做生意。中国、越南、印度尼西亚和泰国一直在周边寻找新内容、新市场,他们已经不愿意把大笔的钱投向美洲或者欧洲。在地区性版权交易市场,文化和地缘的相近性起了决定性作用。

亚洲家庭对学习卓越近乎痴迷的追求使得教育类儿童图画书销路畅通。在这方面,韩国企业家独具匠心,能够把复杂呆板的教育类话题转变为更加平易近人、具有娱乐性的话题。韩国教元集团、艺林堂、熊津教育文化咨询有限公司、大山所出版的多卷系列儿童图书无不是精通此道。自从首尔图书博览会邀请法国作为主宾国参加后,法国主题的图书销售就在韩国开始复苏,法国出版商也开始销售更多韩国和日本的儿童图书。在日本,漫画依旧火爆。同时,现在也出现了一种新的图书类型吸引着周边国家:关于浪漫、恐怖、冒险主题的轻 YA 小说。中国对于新思想、新主题和新兴作者依旧保持一种开明兼容的态度,图画书市场不断扩张,已经超出了原来的纯教育意义的界限。图画书的读者群在不断扩大,选题质量也大幅提升。同时,数字化对大部分出版产业确实带来了不小的冲击。很多 App 依托游戏,稳稳地吸引了各个年龄段的消费者,这是传统的纸媒无法比拟的优势。

4.4.2 日本儿童图书市场

热销于欧美国家的 YA 文学在日本童书市场却大受冷落。即便是某位编辑喜欢某个选题,也几乎很少有经费拨发给该选题。因为在日本,漫画对于孩子们的吸引力实在太大了,远远超过 YA 文学中浪漫小说、恐怖小说、冒险小说的吸引力。在世界上其他地方,超自然的小说都备受追捧,然而在日本却完全行不通。250 多位编辑长期观察发现,日本的儿童不喜欢阅读长篇读物,对于三、四年级的孩子来说,250 页就太长了,300 页对青少年来说也太长了。但是短篇的选题又很难找到好的作品。所以,虽然出版商们一直在说他们想要好的中年级儿童的科幻小说,该部分市场却一直比较薄弱。在日本童书畅销榜上,翻译过来的外国儿童文学作品或者 YA 作品是不见踪影的。

但是还是会有一些优秀的国际儿童出版物的译本或者 YA 作品打入日本的儿童出版市场。比如,2010 年日本图灵版权代理公司就引进了《小熊维尼》《重返森林》《埃及守护神》《小狗友谊》《垃圾》《谁在我身后》等著名作品。对于电子图书,日本出版商普遍致力于成人图书的开发,而对于儿童电子图书市场,他们往往因其市场的不成熟、版权保护不到位等原因而不轻易涉足。然而这并不代表他们对电子图书袖手旁观,相反,日本的出版商们密切关注电子图书五花八门的终端设备和平台,并摩拳擦掌,跃跃欲试。

在立法、字符许可证等方面,日本非常注意保护本土原创作品和作者,位列畅销童书排行榜的往往是《越狱兔》《轻松熊》《丑比头》等日本本土作品。同时,日本出版界还特别重视开发本土原创作品的海外市场。中国的接力出版社和二十一世纪出版社就是其重要的出口开发市场。他们向海外市场销售的图书包括学龄前儿童阅读的图画书、游戏书、教育类漫画和科幻作品等,种类繁多,选题广泛。

据《朝日新闻》报道,日本老牌童书出版社白杨社 2017 年 11 月至 2018 年 2 月间,在日本全国小学生范围内开展了一项"自己最喜爱的图书"评选活动。从将近 13 万张选票中脱颖而出的是动物学家今泉忠明主编的绘本《真有趣! 不可思议的进化 令人惋惜的生物词典》,其以独到的视角、知识性和趣味性位列十佳童书榜首。该书续篇位列第四,可见小读者们对此系列情有独钟。更令人惊讶的是,百万级销量绘本作家吉竹伸介的四部作品《可能书店》(新作)、《苹果? 可能吧》(绘本处女作)、《接下来怎么办》(代表作)和《有龙哦!》(代表作)竟然同时入选,分别占据第二、第三、第七和第十位,成为该年度评选最大赢家。文字作者田中阳子和图画作者深泽将秀组成的绘本创作组合 Troll 2017 年所出版的《屁屁侦探:怪盗 vs 侦探》和《屁屁侦探:Iseki 发出的 SOS》凭借幽默的语言、华丽画风和益智游戏等特色跻身第五、第六位。排名第八、第九名的是小说家宗田理 1985 年出版的小说《我们的七日战争》和广岛玲子 2013 年出版的《不可思议的杂粮点心铺》。当代日本的主要童书作家和作品通过此次评选可见一斑。孩子们所选的书涉及约 2 万种门类,其中儿童读物约占 33%,绘本约占 20%,儿童文库约占 12%,其余为非虚构、学习参考书、漫画等。

总体而言,与英美儿童图书不断推出新的主题并与电影捆绑销售的特征相比,日本的儿童图书市场更倾向于经典和长久主题的翻新印刷,甚至有些父母或者爷爷奶奶辈的家长会拿着出版商整理出来的销售册数超过百万的图书名单来为小孩子购买图书。事实上,出版商业试图将某些图画书完全以电子书为媒介出版,并且在与作者的签约合同里确定下电子版权,然而往往因为不同的作者可能会提出不同的要求或出版商非常重视双方相互信任的关系而作罢。这些都导致了日本电子图书和手机终端图书阅读相对其他国家比较缓慢。

4.5　国际大奖

4.5.1　美国凯迪克奖

凯迪克奖是美国图画书界最重要且代表最高荣誉的奖项。每年,儿童图书馆协会设立的评审委员会从前一年美国出版的图画书中选出一本最佳儿童图画书,颁赠金牌奖给该书的画者。同时,也选出进入决选阶段的优秀图画书,授予银牌奖表示肯定。银牌奖作品数量每年不同,有时只有一本,有时五本左右。这些得奖作品都必须通过一群资深专业评审的鉴赏,从数千本书中脱颖而出。这个奖不仅对美国图画书发展影响深远,对世界各国的图画书界也有指标意义。

这个奖项始自 1937 年,由曾任《出版人周刊》编辑的弗雷德里克·梅切尔捐款设立。他以 19 世纪最重要的英国插画家鲁道夫·凯迪克的名字为这个奖项命名。他这种无私的做法,不仅表达了对一位伟大插画家的敬意与纪念,也奠定凯迪克奖标榜图画书艺术的专业典范。

鲁道夫·凯迪克是英国儿童文学"黄金时期"最杰出的插画家之一。他于 1878 年开始创作儿童图画书,突破当时插画多半以装饰效果为主的考虑,表现出具有视觉传达意义的图像,立下最早的图画书范例。例如,他以图画呈现角色的表情与个性,注重构图的叙事角度,使画面有连续性和诠释故事或主题的想象空间。他对童年世界的描绘亦较接近真实。凯迪克对图画书插画艺术的贡献,也定义了凯迪克奖的宗旨。这个奖主要奖励"以最杰出的艺术表现及图像诠释完成的儿童图画书",评审标准包含图画的艺术技巧、以儿童读者为诉求对象及图像诠释能力(即以图像诠释主题、概念、情节、角色和情绪氛围等)。不过,虽然以图画为主,但书中其他部分的效果(如文字和版式设计)对整体的影响亦列入考虑。值得注意的是,它的定义中同时强调,这个奖"不以传递教条或受大众喜爱为目的"。

凯迪克奖对儿童文学的贡献,是肯定了图画书的艺术价值。对读者而言,它提供了一座文学结合艺术的宝库。库中藏书不论题材还是艺术风格都非常多元,足以让任何寻宝的大人或小孩都满载而归。

4.5.2　美国纽伯瑞奖

同凯迪克奖一样,纽伯瑞奖也是美国最具代表性的儿童与青少年文学奖。纽伯瑞奖是由美国图书馆协会于 1922 年为纪念儿童文学之父纽伯瑞而创设的奖项。1744 年,英国印刷商人纽伯瑞首开风气,将儿童出版物上加写"娱乐"两个字,他为儿童设计的第一本书叫《美丽小书》,深受儿童喜欢。由于他打破当时保守的风气,崇尚"快乐至上"的儿童教育观念,开辟英美儿童文学之路,所以后人称纽伯瑞为儿童文学之父。纽伯瑞奖每年颁发一次,评选对象为上一年度出版的全球优秀英语儿童文学作品,金奖一部、银奖一部或数部。纽伯瑞奖只颁发给青少年小说,评选重视的是文本,插图、美术设计和纸张质量都是次要的标准。这一奖项设立九十多年来,获奖作品的水准已为世人所瞩目,对美国以及世界的儿童文学有着极大的影响。

由于这个奖项对文本的重视,凡获得纽伯瑞奖的图书,皆被列入青少年必读书目,一直是全球少年儿童学习阅读、写作的最佳参考范本。

4.5.3　英国凯特·格林纳威奖

作为国际上三个最著名的图画书奖项之一,凯特·格林纳威奖主要是为纪念 19 世纪伟大的童书插画家凯特·格林纳威女士而设,并于 1955 年由英国图书馆协会倡议,成为专门为儿童图画书而创设的奖项。凯特·格林纳威女士是英国维多利亚时代最贴近儿童心灵的艺术家之一,她奉献给大家的儿童读物不仅温馨感人、风格优雅,而且善于用儿童的眼睛来看世界,从而使平凡的生活充满了浪漫的想象和缤纷的色彩。可以毫不夸张地说,数不胜数的人都是在阅读她的童书过程中快乐长大的。

由于拥有一批杰出的儿童读物作家、创意家与设计家,所以长期以来,英国儿童读物在全球很多方面都遥遥领先,其精美独特的设计、浪漫典雅的插图、幽默风趣的内容受到了各国读者的喜爱和赞誉。这不仅潜移默化地影响了其他国家儿童读物的设计出版,也间接提升和推动了世界儿童读物的发展。

除了奖牌之外,凯特•格林纳威奖的得主还被赋予了另一项殊荣——为图书馆挑选总价500英镑的图画书。2000年起,受益于柯林•米尔斯的慷慨资助,凯特•格林纳威奖的获奖者又可额外获得5 000英镑的现金奖励。柯林•米尔斯原是英国一名普通的会计,对童书发自内心地热爱。他去世之后,依照他的遗言,家人把他所收藏的大量童书和全部遗产毫无保留地捐赠给了英国图书馆协会,这就成了日后凯特•格林纳威奖奖金的主要来源。

目前,凯特•格林纳威奖主要设有凯特•格林纳威奖大奖及提名奖两个奖项。因为是英国儿童图画书的最高荣誉,所以每年来自全球各地的参赛者数以万计。这也充分体现了这一奖项海纳百川、鼓励后辈的宏大气魄与宽容格局。

凯特•格林纳威奖的遴选标准异常严苛。不仅文字质量与艺术品质要高远卓越,整本书也要能在阅读上给大家带来赏心悦目的享受,并能引发读者的共鸣。因为定位于图画书,所以插图是其中被考量的主要元素。除此之外,艺术风格、形式、图文结合与视觉印象也都是几个较大的评审项目,较大的项目之下又可细分出四至五个小项目,其评选程序的严谨与公正由此可见一斑,所以其评选出来的作品也就格外值得信任与期待。

安东尼•布朗的《大猩猩》和《动物园》、约翰•伯宁罕的《和甘伯伯去游河》和《宝儿》、雷蒙•布力格的《圣诞老爸》和《鹅妈妈的财宝》及以盖瑞•布来兹的《鲸鱼在歌唱》等都是其中的佼佼者。

凯特•格林纳威奖的得奖作品有部分翻成中译本,其图文并茂、扣人心弦的内容深受儿童喜爱,带给儿童丰富的想象,在国内儿童绘本排行榜是常胜军,书店中也能轻松寻得。

4.5.4　国际安徒生奖

国际安徒生奖是全球儿童文学界的最高荣誉,素有"小诺贝尔奖"之称,每两年由国际儿童读物联盟颁发给有显著贡献的作家和画家;除了颁发奖牌和奖状之外,获奖者还会在国际儿童读物联盟大会颁奖典礼上接受表扬。国际安徒生奖于 1956 年由国际儿童读物联盟所创办,一开始只设有作家奖项部分。1966 年,鉴于多数会员国在其国内设有画家奖项以及图画书的蓬勃发展,特别设立了画家奖项部分。

国际安徒生奖的候选名单是由国际儿童读物联盟的会员国推荐国内优秀的作家与画家为候选人,由于评选严格,所以有时会出现会员国候选人空缺的情况。在两年举办一次的国际儿童读物联盟大会上,集结了国际儿童读物联盟会员国和其他在全球各地致力于童书发展的人士。除了公布与颁发国际安徒生奖之外,大会主办的主题演讲、座谈会和研讨会每每也会吸引很多人前往参加。国际安徒生奖创设的宗旨是:推动儿童阅读,提升文学和美学的艺术境界,培养儿童正面的价值观,促进世界和平。所以国际安徒生奖的得主,不只要求在艺术上有独步当代的成就,他们的创作也必须能对世界儿童产生健康、积极的精神鼓舞。国际儿童读物联盟也期望借由国际安徒生奖,鼓励童书创作,让童书有更多新人加入,并进一步促进翻译优良童书,达到国际交流的目的。

国际安徒生奖的评选标准主要是文学与美学的价值,随着时代的不同,对文学与美学的判断也会有所变化。具有国际性是衡量作品的另一项标准。国际安徒生奖作家与画家候选人毋庸置疑都是会员国的一时之选,在当地的儿童文学界具有崇高的地位,但这并不表示其成就在其他国家仍具有决定性的影响。这也是为什么国际安徒生奖特别推崇童书译者贡献的原因,插画本身并无国界,如果文字也能无国界,世界各国就能交流其国内著名的作家和画家。

基于谨慎,国际安徒生奖的评选过程特别冗长。由于候选人来自世界各国,每个国家都有不同的文化,表现在童书上就会产生迥异的技法与风格,因此评审团本身必须对世界各国的儿童文学与艺术发展有深入广泛的了解。文字和图像都是传达知识给儿童的一种语言,评审团必须对这个语言达成共识,以其专业背景、文化差异、品位与幽默感、对儿童文学的见解,在评选过程中发表各自的看法,经过不断地讨论、筛选达成共识,选出名副其实的国际安徒生奖得主。

4.5.5　博洛尼亚国际儿童书展最佳童书奖

博洛尼亚儿童书展发展至今已经成为全球规模最大、最具权威和影响力的儿童书展和年度儿童图书博览会。全球最负盛名的儿童出版商,如兰登儿童图书、哈珀－柯林斯儿童图书、企鹅儿童图书、迪斯尼,都非常重视博洛尼亚国际儿童书展。

书展上一个重头戏便是颁发最为著名的博洛尼亚国际儿童书展最佳童书奖,这也是全球儿童出版界最受瞩目的奖项。该奖以创意、教育价值、艺术设计为标准,评选出小说类、非小说类以及少年三个级别中最杰出的作品。这个奖的特别之处在于,整个评分和选书都是由一群 6 ～ 9 岁的意大利儿童所组成的评审团,从参展出版商所提供的图画书当中,投票选出他们心目中认为最棒的童书。

4.5.6　卡内基文学奖

卡内基文学奖是凯特•格林纳威奖的姐妹奖,是英国图书馆协会为纪念苏格兰籍慈善家安德鲁•卡内基而设的。现由英国图书馆与信息注册协会颁发,主要颁发给本国的儿童和青少年小说。我国引进的主要获奖图书有《沼泽女孩》《呐喊红宝石》《小河男孩》《金鱼眼叔叔》等。

4.5.7　日本绘本奖

日本绘本奖是由日本全国学校图书馆协会与每日新闻社 1995 年开始设立的,全世界儿童图画书均可参加。奖项分为日本绘本大奖、日本绘本奖、日本绘本奖翻译绘本奖三大类,另外还设有由读者投票的“日本绘本奖读者奖”。日本各大出版社一年大约出版 1000 种新绘本,通过专家评审和读者投票,评选出日本绘本大奖 1 名、日本绘本奖 2 ～ 3 名、翻译绘本奖 1 名及读者奖 1 名。其中一些得奖作品将成为全国青少年读后感大赛的指定书目。主要获奖作品有《夏天的池塘》《再见了拇指姑娘》《妈妈你好吗》等等。

4.5.8　英国鹅妈妈奖

鹅妈妈奖于 1979 年创立,曾是英国儿童插画领域的重要年度奖,由英国“儿童图书”基金会出资赞助,目的是“鼓励那些刚刚起步的儿童书籍插画家,让他们的作品能引起公众严肃而不可或缺的重视”。每年此奖的获奖者得到 1000 英镑奖金和一枚镀金的鹅蛋。此奖终止于 1999 年。主要获奖作品有《獾的礼物》《波特的鸽子》《生气的亚瑟》《我爱动物》等。

4.5.9　德国青少年文学奖

德国青少年文学奖是德国最重要的青少年文学奖项,也是德国唯一由国家颁发的青少年文学奖项。该奖于 1956 年设立,每年颁发一次,旨在促进儿童和青少年接触、走进文学世界,帮助公众了解儿童和青少年文学领域的新作品。

4.5.10　俄罗斯国家列夫·托尔斯泰儿童文学奖

该奖项于 1998 年根据俄罗斯总统的命令设立,授予每年评出的优秀儿童文学作品的作者。从 2002 年起,该奖将参评人的范围扩展到儿童文学宣传者、教师和图书管理员等。

4.5.11　俄罗斯国家梦想儿童文学奖

该奖项由"梦想"慈善基金会和俄罗斯米安公司于 2006 年共同创立,评委会主席由知名儿童作家爱德华·乌斯宾斯基担任,他曾塑造了小猫马特罗斯金、邮递员佩奇金等在俄罗斯家喻户晓的文学形象。

4.6　案例启示:英国尤斯伯恩出版社追求卓越,坚持儿童本位

尤斯伯恩出版社是英国最大的儿童图书独立出版商,成立于 1973 年,由彼得·尤斯伯恩创立。经过 40 多年的发展,尤斯伯恩出版社如今已成为全英国最大最成功的少儿图书独立出版商,在英国童书市场的份额已经超过 6%。出版书籍约 2 000 种,涵盖了从婴儿到少年期间所有年龄段所有系列的儿童图书。该出版社多次获得各项大奖:2014 年,获得 IPG 年度儿童出版社奖、IPG 年度独立出版社奖;2015 年,获得英国私有企业年度奖;2015 年,创始人彼得·尤斯伯恩获得伦敦书展终身成就奖,之前在 2011 年,彼得·尤斯伯恩以其对出版业的贡献获得了英帝国勋章。出版社的 LOGO 是可爱的五色气球,在每本书封面的右上角以及书脊下方,都有这个彩色小气球,识别度非常高。

尤斯伯恩几十年来专注于儿童读物,产品线非常丰富,尤其在创意设计上遥遥领先。在涉及儿童阅读的所有主题所有类别中,尤斯伯恩几乎都做到了行业内最佳。2017年,尤斯伯恩与接力出版社达成战略合作协议,在中国正式推广尤斯伯恩品牌。

彼得·尤斯伯恩曾经说:"当其他人都在寻找下一个J. K. 罗琳的时候,我们在盯着那些布满灰尘的角落。"科普书、玩具书、翻页书、涂色书,这些充满创意、形式新颖的童书,令尤斯伯恩在童书市场独树一帜。跟风是没有出路的。"近几年贴纸书很受欢迎,但你得从50年前就开始布局。"一般的童书在英国市场上只能卖出几千册,而贴纸书却能卖到几万册。

大量新颖的轧型镂空和翻页,让尤斯伯恩的童书如一件精致的艺术品。彼得·尤斯伯恩对书籍设计的要求几近苛刻。童书一定要非常显眼,摆在书架上一眼就能让人挑中。"设计要漂亮,像冰激凌和棉花糖一样,漂亮得让人想把书一口吃掉。"为了实现这一目标,尤斯伯恩公司的50多位专职设计人员与全世界的儿童作家和画家们合作,在每一本图书的设计和创意上都花费大量心血,力求精美。这也令尤斯伯恩的童书在设计和印制上成本高昂。

彼得·尤斯伯恩对书籍设计的要求几近苛刻,而他们出版的图书也确实给人以惊艳之感。对于高品质的要求实际上给出版社经营造成了压力,这些像冰激凌一样漂亮、像艺术品一样精致的尤斯伯恩童书显然令孩子们心花怒放,也让全世界的家长都深深记住了封面右上角的那个小气球标志。

目前,尤斯伯恩出版社每年在英国出版350余种新书。通过授权等方式,尤斯伯恩的图书被翻译成100多种语言,受到全世界儿童的欢迎。"童书出版的未来是金色的,越来越多的受过良好教育的父母重视孩子们的阅读。""网络、电视、手机和游戏并没有杀死童书。"彼得·尤斯伯恩强调,在过去40年里,孩子并没有变。"变化的是孩子周围的世界。童书越来越漂亮,越来越有趣。它们能满足孩子触摸、感觉和发现的需求,让孩子们用眼睛、用手指感受真实的有形的世界,这是屏幕所代替不了的。"

作为童书出版人,彼得·尤斯伯恩对于英国以外的国际市场格外关注。而亚洲市场,尤其是崛起中的中国童书市场,更是令彼得·尤斯伯恩感慨"活力十足"。尤斯伯恩出版社的"宝宝推拉游戏书"已被引入中国。除了传统的英语版本出口和版权出售之外,尤斯伯恩的图书还通过"外语出版计划"进行销售,目前已出版9种语言的儿童图书,先后在法国、德国、西班牙等国建立了尤斯伯恩品牌。2015 年,尤斯伯恩进军亚洲,在韩国成立了公司。2017 年,尤斯伯恩与中国的接力出版社达成战略合作协议,在低幼认知玩具书、图画艺术书、益智游戏、科普百科四大板块全线推出优质童书。"在法国,尤斯伯恩经过 25 年的发展,现在已经可以做到每年出版 200 多种童书的规模,占到法国童书市场份额的 2%。但是中国的发展太快了,我觉得不用 25 年,希望在 5 年内,能够做到每年出版新书 200 种左右。"彼得·尤斯伯恩还预计,在 10 年以后,尤斯伯恩在中国的图书码洋可以赶超美国市场。

　　尤斯伯恩出版社与中国的接力出版社达成战略合作协议后,就推行了一系列战略合作。接力出版社于 2017 年暑期推出了一系列尤斯伯恩的精品图书,包括低幼认知玩具书"宝宝触摸游戏书""宝宝推拉游戏书""奇妙发声书"三个系列;将图书、乐谱、钢琴的功能结合在一起的《纸钢琴》,颠覆了读者对图书的传统认知;用现代工艺演绎经典童话的《世界经典童话纸雕图画书》,精巧的构思和制作充满了设计感和艺术感。尤斯伯恩出版社与接力出版社合作推出的尤斯伯恩的看家产品"看里面"系列,也将在接力出版社推出新版,带给读者全新的感受。"看里面"系列预计将在 2019 年底上市。此外,在益智游戏图书板块,尤其是贴纸类、迷宫类、入学准备类、综合游戏等各个细分板块中也将有新品陆续推出。而所有这些图书,将在中国第一次正式启用代表了尤斯伯恩高品质的小气球标志。

　　通过尤斯伯恩中国品牌的推广和与接力出版社的合作,彼得·尤斯伯恩也有了一些新的想法。尤斯伯恩的童书没有独立作者,全部都是团队作品,设计和内容创作均由尤斯伯恩的团队完成。该策略保护尤斯伯恩出版社免受因过于依赖少数畅销书而产生的剧烈波动,使出版社能够实现持续增长和不断发展。为经典系列增加中国元素是尤斯伯恩在中国的重要发展战略。而彼得·尤斯伯恩希望,在"看里面"系列中出版一本新书,叫作《古代中国》,请接力出版社也参与到出版工作中,引荐历史专家审核图书内容,并积极寻找中国的插画家合作。彼得·尤斯伯恩表示对中国插画家和写作人才充满信心,相信中国的童书出版会一步一步迈向全球。

第 5 章

中国儿童图书出版发展思路创新研究

5.1 文化属性与商业属性

中国出版已经在不断的转型升级中进入产业化时代。中国儿童出版产业作为中国出版产业的重要组成部分,在 20 世纪末和 21 世纪之初,逐渐实现从计划经济向市场经济的转型,出版机构实现了从事业型向企业化转型的变革,产业化进程正在快速推进中。

经济学教授戴维·思罗斯比(2011)说:"公认的声誉卓著的艺术家可能发现,他们的作品在产生文化价值的同时也带来了经济收入;在这种情况下,艺术家就能够同时最大化其作品的文化价值和经济价值。"思罗斯比指出,"一些小说、电影、视觉艺术和手工艺品、歌舞剧,以及绝大多数的流行音乐"都属于"能够同时最大化其作品的文化价值和经济价值"的文化产业。作为文化产业的"核心层"之一,图书出版产业自诞生之日起就出现文化属性和商业属性之争,对于有着特殊读者群体的儿童图书出版产业而言,此问题尤为尖锐。事实上,每个出版商都时时面临着这样的二元选择。在当前物质主义、功利主义支配下,有的出版商为了获得利润最大化,快速占领市场,而轻视文化产品的文化属性和社会效益。受这种动机驱使,在"头茬"获得国际大奖的外国优秀作品被瓜分殆尽之后,有的出版商在引进图书版权时就不分良莠,只要能说得过去、通得过审查就引进来,把文本中有不适合儿童的暴力、颓废等元素的作品也推向市场,一味迎合享乐主义、快餐文化,甚至出现引进来的作品中有 70% 没有达到标准的现象。李学谦批评说,一些少儿出版机构,盲目引进外版图书版权,忽略了国家倡导树立文化自信大背景下出版社的社会责任感和文化使命。"中国孩子从小看着引进版图画书成长,背离了国家发展主旋律。"曹文轩(2014)说,儿童是世界上最好的读者,但是需要引导。只用图书销售量或者码洋占有比率来衡量儿童图书的价值高低显然有失偏颇。思罗斯比(2011)认为,"用简单的享乐主义界定文化价值可能有失偏颇,甚至不够贴切"。

当然,在成本压力不断攀升、电商冲击和资源抢夺白热化的市场环境下,一味要求儿童出版产业承担社会责任和文化责任既不现实也不长久。两种属性之间度的衡量,正是对图书出版商智慧、视野、眼光和底线的考量。各个出版机构需要寻求的正是如何在社会效益和经济效益之间找到最佳结合点。事实上,我国大部分儿童图书出版商还是尽量用"坚守导向、坚守价值、坚守专业、坚守原创"作为执业标准和规范来约束自身的。李学谦在 2018年发表的《新时代少儿出版的新要求新思路》中提到,要把培养担当民族复兴大业的时代新人作为儿童出版的根本任务。立德树人历来是我国儿童出版的根本任务,也是中国儿童出版宝贵的光荣传统。2017 年 6 月,有着"天下童书,半出华东"美誉的华东六家少儿出版社在合肥召开第 30 届社长年会。各社一致认为,坚持出版专业优质的童书是唯一的出路。2018 年 6 月,第 31 届华东六省少儿出版联合体社长会上,六社发表联合宣言:"继续坚持少儿出版的文化责任和社会责任,牢牢把握正确的政治方向、出版导向和价值取向,加大力度打造主题出版,用更多更好的优秀作品引领孩子们的健康成长。"事实上,近几年我国儿童图书质量整体是在不断提高的。2017 年,京东图书文娱业务部抽检了 10 种近年出版的畅销童书,涉及多家出版社和多个知名图书品牌,从图书内容、制作质量、编校质量等多个方面进行质检,第一次推出我国童书质量检测报告。报告显示,除个别图书存在待改善和提高之处外,10 种童书全部为合格产品。"内容"是图书的核心要素,10 种图书中有 4 种达到"好"的程度,4 种达到"较好"程度。这是令人欣喜的。

5.2　增长新引擎,在儿童文化产业画个圈

如前所述,图书出版产业属于文化产业核心层,儿童出版产业目前在全球是其中最有活力和潜力的一个板块,是文化产业,尤其是儿童文化产业的重要细分产业。新时代背景下,传统的儿童出版为了不被市场淘汰,就必须用文化产业的商业运营模式来经营,积极探索布局少儿文化全产业链投资管

理运营,推进儿童出版产业的产业化进程。

家喻户晓的"哈利·波特"的发行和销售就是图书出版与动漫产业等领域跨界合作成功营销的典型案例。1996年,《哈利·波特与魔法石》刚刚诞生之时,出版商并没有抱很大期望,仅仅印书500册,但是经过作者、文学经纪人、出版社、电影制片人以及一系列营销高手的运作,如今的"哈利·波特"不仅家喻户晓,而且已经形成了一条完整的产业链和知名品牌,在这样一个网络时代、读图时代创下了儿童出版、动漫产业的奇迹,甚至有媒体把围绕"哈利·波特"的营销方式命名为"公开化的秘密运动"。"哈利·波特"成功地运用了多种营销手段,吸引观众的注意力。首先,通过一系列后续图书的出版和电影的上映不断刺激读者的兴趣,激起累积效应,培养了忠诚的顾客群。并且这个顾客群在以儿童为核心群体的同时,注意培养成人读者和观众的兴趣,打造了全年龄段的受众群体。同时,J. K. 罗琳和布鲁姆斯伯里出版社成功地运用了饥渴营销的理念。每当一部《哈利·波特》结束的时候,罗琳总是会设下许多扣人心弦、引人入胜的"圈套"。罗琳在接受记者采访时,也只是讲述写作过程的艰辛和有意无意地透露一下细节,诸如"哈利·波特的好朋友中究竟是谁死去了"等,引起读者揣测多多,却始终不肯透露详细内容。饥渴营销的后果就是在每一本新的《哈利·波特》问世之前,全世界无数哈迷翘首企盼,而在新书发售之后,全世界又有那么多的人埋首阅读同一本书,看同一部电影,在网站上讨论同一个故事和主人公,开始新的揣测和期待。2007年《哈利·波特与凤凰社》的发行也在游戏界引起轰动,首度在SONY的PS2、PS3及以任天堂的WII上同时发行同名游戏;各行各业制造商生产电影魔法物品,如魔法扫帚、魔杖、摄魂怪、火焰杯三强赛中的火龙玩具、魁地奇球服、波特的隐形衣等,风靡全球,拥有巨大且稳定的消费群体;华纳公司投资5亿美元,携手奥兰多环球影城建造"哈利·波特魔法世界"主题公园;其他衍生品,如杜莎夫人蜡像馆与电影,一同在全世界范围巡展……"哈利·波特"的营销奇迹在西方并非个例。

最近几年,我们国内的儿童出版人也在不断寻找新的增长引擎,尝试更加立体化、产业化的商业运行模式,并取得不少进步。以时代少儿文化发展有限公司为例,该公司以出版业务为核心,辐射教育培训、数字媒体、动漫游戏、品牌代理及运营、原创IP衍生品开发、少儿文化交流、文化服务贸易等儿童文化上下游产业,致力于打造一个以童书出版为龙头的儿童文化产业服务综合体。各大出版社围绕儿童文化产业的概念也进行全方位开发。以中少总社为例,他们将青少年阅读体验大世界打造成为"未来阅读实验室",并通过校园阅读"1+6+N"体系,搭建起一个包含评估、课程、表达、活动在内的系统工程。再比如安徽少年儿童出版社,他们坚持以"以内容为核心,在少儿文化产业画一个圆"。除了坚持纸质图书的精品化输出,他们在教育培训、幼教以及少儿 IP 延伸品开发等方面摸索出了门道。其中包括以出版为主业,在此基础上进行产业拓展;实现内容复合化,通过 AR / VR、有声书等延伸纸质图书的产业链;实现平台化 / IP 化运作,比如通过保温杯、少儿餐具、故事机等延伸 IP 外延,"在追求社会效益的同时也要具备平台化和资本化思维"。而四川少年儿童出版社的特点是注重产品的立体化开发,从《熊出没》《咸蛋超人》《爆笑虫子》到"米小圈"系列,试图形成以故事和形象为中心向四周扩散的少儿全媒体产业链。以"米小圈"为例,听书项目、同名广播剧、校园公益讲座、创意作文课堂沙龙、H5 游戏等形式遍地开花。二十一世纪出版社则通过项目制全方位运营"大中华寻宝记系列" IP,专门成立了"大中华寻宝记项目组",一方面运用动漫形象开发新的图书系列,拍摄动画片,建设网站;另一方面努力推进 IP 与产业的结合,把《大中华寻宝记》的故事内容和卡通形象向旅游企业、文创产品厂商授权,并在深圳文博会进行推广。

5.3　童书"走出去"的可能性与战略意义

当前的中国儿童图书出版界正通过不断增进版权贸易的合作和交流,强化版权引进和输出工作,让中国孩子与世界同步阅读,同时也让世界各国的孩子感受中国童书的精彩,更加真实、立体、全面地向全世界小读者展现中国,提升中国儿童出版的国际影响力。

5.3.1　中国童书贸易现状

由于中西方文化差异、贸易壁垒及教育观念的差异,儿童图书引进版在中国的市场占有率远远高于我国儿童图书输出版在国外的市场占有率。我国儿童图书占国际童书市场份额非常小,真正打入主流国际市场的童书作品并不多,且通常以单个作家单部作品的形式出现,导致国外读者对中国儿童作品缺乏透彻和全面的了解,对中国作者缺乏浓厚的兴趣,无法起到传播中华文化的桥梁作用。童书版权交易逆差依旧是我国出版界关注的热点问题。与发达国家相比,我国在国际童书市场话语权方面还有很大差距。此外,目前引进国外版权存在不做市场调研和任何风险评估、盲目引进所谓"畅销书"的现象,甚至出现恶性竞争、巨资引进但是卖不出去的案例。同时,引进童书速度过快、数量过多也导致翻译人才,尤其是小语种翻译人才的短缺和翻译质量下降。

首先,可喜的是,我国童书贸易辐射的范畴进一步拓展,版权合作的地域更加广阔,且进一步向纵深化、全方位拓展。数据显示,以前我国童书版权贸易合作的国家相对集中于东南亚等泛儒家文化圈及欧美发达国家。美、英、德、法、澳、韩、日、加等国家和地区的童书出口占据我国童书出口市场的前几名。以 2013—2016 年为例,我国出口美国的童书在童书出版总额中占比为三分之一左右。然而,现在情况发生了变化。中国的童书出版机构与瑞典、丹麦、挪威、俄罗斯、白俄罗斯、巴西、阿根廷、土耳其、埃及等的合作逐渐增多。随着"一带一路"倡议的推进,越来越多"一带一路"沿线国家成为我国童书出口的目标市场。以巴基斯坦为例,2014 年,我国童书出口额为9.4 万美元,2016 则突破了 21 万美元,占我国童书出口总额的比重则从 2014年的 0.015% 扩大到 0.038%。以越南为例,2014 年,我国童书出口额只有1.7 万美元,2016 年则增长到 16.4 万美元,同比增长 9 倍多,在我国童书出口总额中所占比例也在不断增加。从长远来看,尽管现在"一带一路"沿线国家的童书出版还处于培育期,存在低价竞争等各种各样的问题,但是它们仍然是我国童书出口极具发展潜力的市场。目前,我国向"一带一路"沿线国家出口童书,价格高地主要集中在人口较少或者经济体量较小的国家。如2016 年马耳他是我国童书出口均价中排名最高的国家,达到 11.93 美元,越南排名第十位,达到 5.92 美元。但对排名前十位的"一带一路"出口目的地国家,我国童书出口总额只占全部童书出口总额的 2.94%。由此可见,业内人士还需要不断研究"一带一路"沿线国家童书市场情况,挖掘潜在读者群体需求,并据此调整产品结构,提高产品质量,才可能打破低价竞销,使该地区童书出版市场逐渐成熟起来。

其次,少儿出版已由简单的版权贸易合作转向与国外出版机构的深度合作,如共同设立合作公司、股份制公司,共同开发图书市场,分享出版资源。比如,2015 年 10 月,接力社和埃及大学出版社、埃及智慧宫文化出版公司签署了创办接力出版社埃及分社的协议,探索在国外建立分社的运营模式、经营方式。日前,公司已经出版了 26 种阿语版图书,在阿布扎比书展上,有 22 个阿拉伯国家进行征订,与国际图书市场的合作进一步深入。

再次,我国童书合作的形式已经从单纯的纸介图书版权合作向全媒体、全版权或者多版权的合作,从图书版权发展到数字版权、品牌授权及周边衍生产品授权的全方位的合作。IP 运营理念渗透到版权运营的各个领域。

5.3.2　中国童书"走出去"的可能性

目前,儿童图书界中外出版机构与从业者交流的方式呈现纵深发展、多元介入的态势。一方面,海外作者、画家纵深介入我国国内童书推广体系。以 2018 童书展为例,此次会展,40 余个国家和地区的一大批中外儿童文学作家、评论家、插画家与读者进行了近距离的阅读交流。值得一提的是,较少集中在国内展会出现的国际大牌作家、插画家受主办方邀约,配合国内相应出版机构举办多场场内外交流活动。不得不说,这种纵深介入国内童书推广体系的盛况还是第一次。2018 年国际安徒生奖作家奖得主、日本儿童小说及绘本作家角野荣子,2018 年国际安徒生奖插画家奖得主、俄罗斯插画家伊戈尔·欧尼可夫,凯迪克荣誉奖获得者、《大卫,不可以》的作者、美国绘本作家大卫·香农等国际知名作家、插画家的到来,在读者中掀起热潮。中国图书进出口公司与中国联通、阅文集团、掌阅科技联合通过易阅通数字平台进行了海外市场运营。

另一方面,在国家各项政策鼓励资助下,我国各大出版社和作家也纷纷多渠道、多方位与国际童书市场接轨,更加务实、高效地推进童书"走出去"。"走出去"的图书内容更加丰富多彩,出版物的形态更加多样。各种满载中华文化的儿童图书新媒体形态走出了国门,受到了海外读者的欢迎,新业态、新技术、新媒体在"走出去"中的优势逐步凸显。从长远来看,童书"走出去"的本质是文化"走出去",加强中华文化跟世界各国文化的互融互通是提升我国文化软实力、增强文化国际竞争力的必然要求。通过对外版权输出优质文化内容,可以更加全面、真实、立体地展示中国形象,让海外读者更好地了解中国政治、文化、经济、科技等发展,有利于进一步提升中华文化影响力和中国出版的国际影响力。这既是时代赋予我国儿童图书出版工作者的历史和文化使命,又是中国儿童图书产业健康发展的要求和目标。

为了更好地促进我国出版企业"走出去",进入 21 世纪以后,我国政府不断完善版权贸易、贸易推广等宏观调控,并采取了政府直接出资、"一带一路"丝路书香工程等具体举措,推进与世界其他国家,尤其是"一带一路"沿线国家的出版项目合作,取得显著成绩。受这些举措影响,我国童书出口平稳增长,竞争力不断加强,是我国图书出口最为活跃的出版领域。我国童书"走出去"已经具有坚实的基础。

首先,童心无国界。全世界儿童培养的基本价值观大致相同,家长的教育理念都是弘扬真善美。孩子们性情纯真,不那么容易受到各种偏见的影响,对于美好的事物和情感天生会有一种向往。因此,侯明亮指出,童书是文化"走出去"的最佳切入点。通过阅读优秀的中国原创儿童图书,国外的小读者能够从小接触到中华文化的魅力,对他们长大后消除民族之间的误会和隔阂、跨越文化差异、扩大我国的国际影响力等都大有裨益。

其次,无论是政治、经济还是文化输出的层面,我国政府都高度重视童书出口的战略意义,推出一系列组合政策推动儿童图书走出国门。2003年,党的十六大报告中首次提出实施"走出去"战略,并将该战略作为对外开放的重要举措。2006年,国务院出台《关于进一步加强和改进文化产品和服务出口工作的意见》,其中强调打造以"大型国有文化企业和集团为主体",非公有制文化企业积极参与的"走出去"投资主体多元化渠道。2007年,党的十七大报告首次提出"提高国家文化软实力"的要求,强调要加强"对外文化交流",增强文化的"国际影响力"。2013年,党的十八届三中全会通过了《中共中央关于全面深化改革若干重大问题的决定》,扶持文化企业"到境外开拓市场",推动中华文化"走向世界",维护国家的文化安全。另外,新闻出版总署陆续实施了一些针对图书出版业"走出去"的重点工程,如资助海外出版机构对中国图书进行翻译和出版的"金水桥项目"(2003)、中国图书对外推广计划(2004)、中国文化著作翻译出版工程(2009)、经典中国国际出版工程(2009)和中国出版物国际营销渠道拓展工程(2010),从政策和资金方面有力支持了儿童图书版权"走出去"的力度。

最近几年,我国政府重点扶持大型出版企业的图书出口贸易,以增加我国图书贸易的竞争力。"一带一路"倡议更是给我国儿童图书出版带来前所未有的大好机遇。2014年底,政府推出"一带一路"重大项目丝路书香工程,专门为我国在"一带一路"沿线国家的出版贸易提供国家层面的政策等方面的支持。2016年,丝路书香工程共资助81家出版机构的439个出版物品种。其中包含11家出版社的40个童书项目,如浙江少年儿童出版社出版的

《狼王梦》被翻译成阿尔巴尼亚语、保加利亚语、波兰语、波斯语、蒙古语和乌尔都语 6 种语言。2017 年,入选丝路书香工程的童书项目比例有所增加,且大多以系列、套装书形式出现,如中国大百科全书出版社的《中国传统故事美绘本》(阿拉伯语),浙江教育出版社的"大头儿子和小头爸爸"系列(马来西亚语),接力出版社的《花生米图画书》(越南语),浙江少年儿童出版社的《中国童话大王讲故事》(英语)和《第七条猎狗》(蒙古语),中译出版社的《寻找快活林》(阿拉伯语),中华书局的《大名人小故事:不败战神岳飞》(泰语)等 11 家出版社的 17 个项目。

再次,各大出版社纷纷发挥自身特色,进一步解放思想、革新理念,不遗余力地推动儿童图书"走出去"。如中国少年儿童新闻出版总社邀请巴西的安徒生奖插图奖获得者罗杰•米罗与曹文轩合作,出版了图画书《羽毛》。《羽毛》的成功展现了绘本作为一种儿童文学"走出去"的成功模式。这是中国少年儿童新闻出版总社近年来着力打造的"好故事,一起讲"项目,进行了跨文化合作的多种尝试。这个项目还包括我国画家徐开云与比利时儿童文学作家瓦力•德•邓肯创作的《比利的工厂》、我国著名儿童文学作家白冰与马来西亚插画家约瑟夫•卡迦合作的《怎样教大象跳》等等。二十一世纪出版社解放思想,提出只要能够传播中华优秀文明,只要拥有自主知识产权,不用限制作者国籍。在这种思想指引下,他们与波兰画家麦克•格雷涅茨进行全球版权合作,聘请其为驻社作家,合作出版了《好困好困的蛇》等一批图画书;2014 年与日本著名铅笔画家木下晋牵手,合作出版了图画书《熊猫的故事》。另外,近十几年,西方许多高品质绘本大量引入我国,受到广大家长和小朋友的青睐。因此,很多国内出版社开始投入大量人力、物力精心打磨我国原创绘本,并在"走出去"中创下相当不错的业绩。

同时,各出版社参与国家合作的形式也更趋多样化,童书版权合作模式也有了新的进展,在国家政策推动下,逐渐从版权输出向资本输出过渡。版权合作已由成书以后的版权贸易,转为在立项初始阶段就联合策划、共同创意、联袂开发的版权合作方式。到海外建立国际编辑部或组稿中心,国内外同步出版已经成为新趋势。有的设立合资公司,由简单的版权贸易合作转为与国外出版机构深度合作,开发图书市场,分享出版资源。同时,由政府牵头领导,由文化机构、文化企业具体落实的两国之间的互译合作项目,如"中俄经典及现当代文学互译出版项目"等国内外合作项目,推动了原创作品走出去,优秀作品引进来。这些举措都取得了一些成效。比如,2011 年,北京二十一世纪麦克米伦文化公司成立,出版了《不老泉》系列等世界一流的图书,这是二十一世纪出版社与国际著名出版机构麦克米伦出版公司合作的结果。二十一世纪出版社还与德国青少年文化研究院建立战略合作伙伴关系,与德国老牌出版社蒂奈曼、美国兰登书屋、日本小学馆和白杨社、韩国大韩教科书出版社等国际知名出版机构合作。2013 年,上海举办了首届中国上海国际童书展(CCBF)。2014 年,上海国际童书展把原先的陈伯吹奖改为陈伯吹国际儿童文学奖,从原来的只向中国作家颁奖扩大为向中外优秀作家颁奖,以扩大其国际影响力。2015 年,接力出版社埃及分社成立,这是我国少儿社首次在国外建立分社。安徽少年儿童出版社与黎巴嫩数字未来公司在贝鲁特合资成立了时代未来有限责任公司。浙江少年儿童出版社并购了澳大利亚新前沿出版社,这是我国首次并购外国出版社。2016 年,中国少年儿童出版社聘请安徒生奖评委会主席帕奇·亚当娜作为总社的战略顾问。2018 年,接力出版社与俄罗斯莫斯科州立综合图书馆携手合办比安基国际文学奖等。2018 年,中国儿童出版业"走出去"更加务实,与其他图书产业一样,国际编辑部、国际组稿、"中国书架"等有利于借助国际合作方优势,许多出版社不约而同地选择了成本低、风险小、收效好的模式。天天出版社、江苏凤凰少年儿童出版社推出的国际组稿项目成果不断涌现,提升了儿童出版作品的国际水平,较好地适应了海外读者的需求,通过"中国书架"走进了更多国家的更多书店,方便了海外读者购买与阅读,提升了"走出去"的效果。

中国童书"走出去"的另一个必备条件是近些年来品种日益繁多、内容不断丰富的我国本土原创童书的出版。比如,2016 年,我国童书出口贸易总额为 5.54 亿元。儿童图书市场动销品种数为 15.68 万种,本土原创品种占到其中的 63%。版权资源和自主知识产权的积累,为我国童书"走出去"提供了比较充足的资源。我国童书市场涌现出相当一批畅销系列童书品牌。比如,目前整理出版的五四时期的冰心、叶圣陶和张天翼等儿童作家的现代儿童文学作品,已成功出口至欧美国家;通过系列化开发模式打造的曹文轩、杨红樱、沈石溪和伍美珍等畅销童书作家的作品,已经形成了品牌效应,增加了童书"走出去"的可能性。2015 年,北京外国语大学教授吴青被选为 2016 年国际安徒生奖评委,是国际安徒生奖设立以来的首位中国评委,也是当届评委中唯一一位来自亚洲的评委;曹文轩荣获 2016 年国际安徒生奖,说明我国原创作家的国际影响力进一步扩大。

5.3.3 中国童书进出口贸易创新路径

开放的中国需要融入世界,世界需要认识中国。别具特色的现代中国儿童文学需要走向世界,世界不同肤色的儿童也需要认识和感染中国儿童文学。高洪波和王泉根认为,中国童书已经具有加入国际童书贸易大舞台、加强与世界童书界纵深化合作与对话的内在驱动力和外在客观条件。

40 年前,中国改革开放大门的开启为中国少儿出版参与国际竞争、学习国外的优秀文化提供了良好契机。而随着 2003 年新闻出版"走出去"在全国新闻出版局局长会议上被确定为行业改革发展的五大战略之一,伴随中国出版"走出去"的步伐加剧,以及国内童书市场走过上一个"黄金十年",少儿出版也逐渐经历了从产品"走出去"、项目"走出去"、资本"走出去"到当下的文化"走出去"的发展阶段。放眼当前的少儿出版,正是在这四种形式上融会贯通,各展所长。

对于童书的引进,要注意经典图书的引进与流行、时尚图书的关系,要平衡好畅销与常销的关系。首先,随着新媒体的出现和数字版权的发展,要逐渐增加数字版权的授权,同时引进纸介质图书版权和数字出版版权。其次,新时代更应注意全版权引进,包括图书的出版权、影视播放权、周边产品开发的权利。再次,注重深度引进,在引进国外图书的同时,也要引进国外先进的图书营销理念和营销方法。目前国内各大出版社在引进时普遍反映的问题是,在与国内同行的版权竞争中,一些出版公司、出版机构呈现出非理性状态——为了得到一个作家或者一本书,不惜重金,哄抬版税、恶意竞价,全然不做任何的市场分析,甚至出现出版权预付金超出其本身价值的情况,导致引进版的成本不断增加,引进风险不断增大。业内所熟悉的东野圭吾作品的引入就是一个典型案例。

如何更好地推动儿童图书"走出去"? 首先,如李学谦(2013)提出,要扩大对出版内涵的理解,完成由"卖产品"到"卖品牌和版权"观念的转变。出版是内容产业,出版企业应当把内容价值最大化作为自己的经营目标,不仅应当卖产品,还应当卖品牌和知识产权,开发衍生产品。出版物发行、版权输出、品牌授权、衍生产品开发等,都应当包括在出版社经营的范畴内。发达国家出版社特别是强社、大社在这方面的意识很强,版权输出是他们商业模式中不可或缺的组成部分,历来是他们收入的重要来源。反观我国少儿出版界,还主要处于"做书"和"卖书"这种单纯经营产品阶段,以出版物发行收入作为唯一的收入来源。要想做强做大少儿出版,在世界童书出版格局中占有一席之地,仅靠在国内市场卖产品是不够的,还要积极在国际市场上销售版权。要着眼于国际和国内两个市场策划选题,把版权列入企业长远和日常工作计划中,逐步实现由卖书到卖品牌和知识产权的转变。

其次,加强原创出版,打造国际品牌形象,为版权输出打好基础。版权输出是原创出版发展的必然结果,国际市场是国内市场的自然延伸,不能孤立地强调版权输出和国际市场。增强内容创新能力,加强原创出版,是版权输出的前提和基础。目前,没有自主品牌和版权的教辅和引进版图书在我国童书出版中仍占很大比重,真正在国际上知名的品牌作家和品牌作品还不多。原创版权资源积累不足是制约我国少儿出版"走出去"的最大瓶颈。应当从源头抓起,进一步丰富产品,优化少儿出版的品种结构,真正把原创图书作为出版重点,夯实"走出去"的版权基础,加强作家作品推广。

第三,宏观管理者应在熟悉出版产业发展规律的前提下,建立在分类指导框架下的经营性出版企业,不应因出版业存在的逐利性而抹杀因市场化所取得的既有成果;不应因追求社会效益第一的诉求而中断出版业的市场化之路。

第四,童书出版创作要有成就,更要有精耕细作的工匠精神。评论家李学斌表示,当下儿童文学在取得一定成就的同时,也有待实现更高层面的突破。在他看来,当下最欠缺精耕细作的精神。"很多儿童文学作家的创作都涉及留守儿童、校园欺凌等题材,但很少有作家在一个点上扎根下去,把这个层面挖掘到很深的地步。而真正好的创作一定要有聚焦点,要有所为有所不为,但很多作家喜欢蹭热点、抢热点。总体上说,这未必有利于作家形成自己的创作风格。同时,一个作家什么都想写,也不利于形成自己的文体意识。"这归根结底在于作家们没能沉下心来写作,他们更倾向于快速写出作品,并让自己的作品在短时间里吸引读者眼球。作家沈石溪以动物小说写作为例表示,有些作家为了情节抓人,会自觉不自觉地渲染血腥气和暴力色彩。

第五,我们要更多地了解其他国家儿童出版机构运作和国际童书评奖的游戏规则,在版权贸易的运作过程中严格按照版权合作合约做事,讲求信誉,严格践约履约,树立中国童书出版行业良好形象,为产业国际化做好长期发展规划。

第六，好的内容离不开好的呈现形式。儿童图书的装帧设计与创意对增加其市场竞争力所起到的作用同样不可忽视。过去，我国儿童图书往往书名陈旧、封面灰暗、开本无形、版式呆板，装帧设计不够丰富精美，忽视儿童的审美心理与习惯，更是难以吸引小读者的眼光。为了提升我国童书的国际竞争力，童书出版商不仅要十分注重图书选题策划、内容有趣，而且要注重童书装帧精良，开本多样，排版富于变化，图片精美。除了纸质书，还可以采用特殊工艺制作的童书。只有经过精心设计，制作出分级明晰、书名响亮、封面鲜亮、开本丰富、版式活跃的优质图书，才有可能获得世界上更多儿童读者的青睐。

最后，要提高自身水平，也要提升自信。摆在中国童书"走出去"面前的显然不是一片坦途，而需要跨过海外出版贸易壁垒以及跨文化交际的障碍。近年来，中国儿童图书作品，尤其是儿童文学的水平与国际同行相比究竟如何，引起了学界与业界诸多讨论。有些学者，如李东华认为，中国儿童图书发展底蕴普遍不足。中国本土儿童文学最大的问题在于"简单"，思想性和艺术性都不够丰饶。而中国青少年读者也喜欢阅读"简单"的作品。但是另一方面，李东华也承认一些短篇中国儿童文学作品是可以达到世界级水准的。而曹文轩则持有相反的态度，认为中国儿童文学创作者们往往自视太低，把国际同行看得太高，中国的儿童文学作品完全可以达到相当高的水准。中国的童书作品完全具备实力，走到世界最中心的位置，向世界展示高品质的中国儿童文学作品。事实上，近几年，中国儿童文学已经在海外积累了良好的口碑。以曹文轩的《青铜葵花》为例，英国读者对此给出了很高的评价："故事动人而深刻，翻译也很美。"沈石溪的动物小说也获得英国读者普遍好评。

总之，为了更好地实现中国童书"走出去"，我们就需要积极参与国际图书市场竞争，学习和借鉴全人类的智慧结晶和璀璨文化，通过出版"走出去"，提升文化软实力，讲好中国故事，传播中国声音。

5.3.4　童书"走出去"成功案例：中国少年儿童出版社

中国少年儿童出版社一直是我国童书出版界的领头羊。改革开放以来，中少社在童书进出口贸易方面探索出不少行之有效的举措，值得全行业学习和借鉴。

中少社从"走出去"内容资源上进行统筹，从选题制定、选题源头抓起。版权输出上，中少社输出品种越来越多，主要图书种类第一是图画书，第二是儿童文学作品,第三是科普漫画作品,第四是传统文化类和育儿类图书。该社从"走出去"渠道资源上进行统筹,针对不同国家和地区,实行区域代理制,重点布局、以点带面、循序渐进,借助优秀版权代理人,建立了一个覆盖欧洲、北美、东南亚、中东的"走出去"的网络。从组织架构上进行统筹,建立版权贸易部,并十分注重培养"走出去"人才;从政策路径上统筹,组织相关人员参加博洛尼亚国际儿童书展,开拓视野,转变观念;从管理机制上统筹,"走出去"图书除了正常的效益外,还有专项"走出去"效益,双重奖励,激发了积极性和创造性。该社以创新推动"走出去"工作,在内容上进行创新,对内容进行本土化改造和国际化改造;在输出方式上创新,打造"一站式"文化服务贸易,实现版权输出、印刷服务、实物出口"三结合";"走出去"介质创新,搭建数字化"走出去"平台,跨媒体、多介质推动中国文化走向世界;"走出去"战略创新,在国家新闻出版广电总局"丝路书香工程"的战略引领下,重新规划自身"走出去"战略。

少儿出版要想真正实现从"走进来"到"走出去"的转变,必须出版更多现实主义题材的原创精品,只有当越来越多的外国读者被原创中国故事所打动,才能吸引更多人关注中国少儿出版。2018年3月26至29日,中国以主宾国的身份亮相全球历史最悠久、规模最大、影响力最广的童书出版盛会——第55届博洛尼亚国际童书展,会上展出的中国原创精品图书以22个语种输出到28个国家,彰显了中国原创少儿图书"走出去"的丰硕成果。在书展期间举行的中国童书市场发展趋势报告会上,中国少年儿童出版社社长李学谦针对中国少儿出版发展新趋势和国际交流新发展提出了几点建议,供少儿出版人借鉴。第一,在版权输出方面,不仅要关注数量,更要关注质量和效果。中国少儿出版市场品种已经够多了,已经进入更加关注质量和效益的时代,像以前那样大规模地向中国输出版权恐怕不现实了。为了更好地进入中国市场,需要更深入地研究市场发展的新趋势,更谨慎地选择合作伙伴。第二,不仅输出版权,还可以考虑更加灵活多样的合作方式。比如,与中国同行合作开发适合中国中小学阅读教育需要的分级阅读、学科阅读读物。第三,与中国同行的合作不应局限在中国市场,而应扩大到国际市场。现在,世界各国愿意了解中国的读者越来越多,这也是国际同行与中国少儿出版界合作的市场机会,引进中国图书版权、与中国同行合作开发适合国际市场需要的图书、合作建立出版机构等,都是中国少儿出版界期待的合作办法。

5.4　儿童本位与成人本位

尼尔·波兹曼(2015)在《童年的消逝》中说过,儿童时期一般以感性认识主导自己的一切行为,这种特性决定了儿童对情感需求的满足应该是最重要的。儿童图书的消费者虽然具有双层性,包括父母、教师等成人购买者和儿童读者,但最终受众仍然是儿童,因此它们的首要功能应该是娱乐性和有趣性,而不是把功利性的教化放在至上的位置。儿童有自己的世界、自己的语言。卢梭指出,儿童是与成人完全不同的独立存在,正确的教育应该是使儿童的自然感性得到最充分的发展。德国教育思想家福禄培尔(2011)在《人的教育》中说:"……从人的完美性和本来的健全性来看,一切专断的、指示性的、绝对的和干预性的训练、教育和教学必然起着毁灭的、阻碍的、破坏的作用。"只有秉着"儿童本位"的理念,彰显儿童文学的故事性和趣味性的作品才能得到广大儿童观众的欢迎和喜爱。"儿童不但要生活在成人的世界里,还要生活在自己的世界里。他在成人的世界里接受教育,获得更快的成长,但也要在自己的世界里获得自由,感受生活的乐趣,体验世界的美和人生的美。"因此,只有坚持"儿童本位"的创作理念,充分考虑儿童作为独立、生动、个性化的生态生命独特的心理特征和需要来塑造故事情节、勾勒人物形象和刻画语言,才能赢来小读者的喜爱和欢迎。

事实上,多年来我国儿童图书在文本创作时往往过度强调"文以载道"的教化作用,"成人本位"倾向明显,忽视了儿童作品应有的趣味性和娱乐性,造成题材以教育和益智为主的单一化。为了迎合成人消费者教育儿童的心理,许多儿童文学作品用成人的眼光俯瞰儿童的内心世界,从成人的角度写作构思,说教色彩浓厚,难以引起少年儿童的共鸣。甚至有些儿童图书出现不适宜儿童观看的暴力、色情等内容,对儿童形成不良的影响。对于"内容为王"的文化产业市场,这样的图书显然是没有竞争力的,必然要被市场淘汰。曹文轩曾说,据他观察,20世纪80年代初开始,我国一些传统意义上作为标准儿童文学的写作出现弱化,儿童文学作家笔下的文字越来越趋向于成人化写作。直到进入20世纪90年代,儿童文学作家们逐渐转向对人类的全面性的高度思考,在对于儿童文学的定义变得多元化的背景下,儿童文学创作逐渐回归儿童的观念,儿童本位思想才开始被越来越多的作家所接受。

　　无论是内容题材还是细节刻画，至今依旧畅销的《哈利·波特》是坚守儿童本位的典范。J. K. 罗琳始终坚持以儿童视角看世界、看人生，恰如其分地使用了儿童能够接受的符号，既不是成人化的说教，语言也不晦涩难懂，而是站在儿童的立场、从儿童的视角去认识世界，捕捉灵感。在哈利·波特故事中，她灵活地运用荒诞、变形、夸张、魔幻、时空错位、非物性、非逻辑、幽默、搞笑、任意组合等童话文学的艺术要素。书中巧妙的对话和令人惊叹的细节描写都顺应和满足了儿童追求趣味性和好奇的阅读心理和爱好幻想与探险的思维特征，富有技巧性地将魔幻世界和校园生活结合在一起，引起了儿童读者的强烈共鸣，她也因此在这样一个网络时代、读图时代依旧风行的世界，创作出令千百万少年儿童为之疯狂的作品。在系列小说诞生的同时，随之拍摄的电影票房一路飘红，DVD 及其他衍生产品在全球热销，哈利·波特也已经成为估价超过 10 亿美元的品牌。

　　"儿童本位"的童书出版观应该是学习西方童书把儿童作为一个独立、有趣的生命个体而不是成年生活的矮化来对待，认真研究儿童这一群体的审美和认知规律，满足他们身心发展的精神需求并陶冶儿童天性中对"真善美"的追求，给他们带来艺术、哲学、审美、心灵上的滋养和引导。目前，中国童书出版"走出去"的主要障碍之一是文化差异，尤其是如何向西方主流文化圈扩散。因此，我们需要不断挖掘能与国际接轨的"无国界"优秀原创作品，才能使中国童书"走出去"成为有源之水、有本之木，解决文化"走出去"目前所面临的"巧妇难为无米之炊"的困境。"无国界"的作品是什么呢？是那些能够有意识地摆脱成人自己的人生预设和意识形态，以儿童自身的原始生命欲求为出发点，用最容易与儿童产生共鸣、最容易为儿童接受的语言，带给儿童容易理解、便于获取成长大智慧的作品。它们的语言简约而率真，自然而朴素，清浅而美好，单纯却又深刻，具有儿童读物应该具有的故事性、幻想性、趣味性等普适性特征。换句话说，它们是从儿童本位的儿童观出发，跨越了国界，回归全世界儿童共有天性的那些作品。只有当中国的童书作者，尤其插图作者具有了以儿童为本位的国际胸怀，才能够创作出通行世界的精品，借助先进的营销策略，使之真正走向世界儿童图书市场的大舞台。

　　儿童读物分级阅读就是在儿童本位观关照下制定和推行的。虽然最近几年出现了儿童文学作品拥有不少成人读者的倾向，也有 YA 作品等跨界读物,但是儿童图书的主要服务对象依旧是有着特殊心理特征和认知规律的儿童。为了更精准地服务各年龄段读者,创作真正从儿童视角描绘儿童对世界的观察和感知的优秀儿童图书,欧美国家 50 多年前就已经实施以"儿童的认知即中心"为主流思想的儿童分级阅读了。他们各自制定出了适宜本国儿童的科学而严格的儿童读物分级制。相比之下,我国内地的儿童分级阅读尚处于起步阶段。分级阅读的定位与目标十分明确:一切以儿童为中心,一切从现实的儿童实际出发,为儿童精神生命的健康成长服务,而不是为成年人的功利主义、工具主义、拜金主义服务的另一种"商机"。分级阅读的旗帜上大写着"儿童本位"的理念。"什么年龄段的孩子读什么书"是分级阅读的黄金定律。分级阅读只有坚守"儿童本位"的文化立场,选择"儿童视角"的叙事方式,倾注"儿童情结"的诗性关怀,践行"儿童话语"的审美追求,探寻"儿童教育"的理想形态,才能使分级阅读的读本浸透到孩子们的心田,成为伴随他们精神生命健康成长的营养。

同时还应该注意到,从前的儿童文学形态比较稳定和单一。但随着商业化浪潮的反复席卷,儿童文学出现很多新的形态,儿童文学的界定变得比较困难。比如通俗儿童文学和轻松幽默的校园小说,这些作品总是或多或少存在过度娱乐化的倾向。再比如网络儿童文学的兴盛,出现了一批从线上走到线下出版的儿童文学作家。网络开放的语境也促成了儿童文学大众化的倾向以及快餐式网上学习需求,在娱乐化元素增强的同时,也体现出更多互动性。出版人王黎君(2018)表示,"网络儿童文学不仅仅带来创作原则和出版制度的改变,还带来传播媒介和阅读方式的变革,很多读者会参与到网络写作过程当中,提供一些重要的思路,直接参与到文本的建构当中。2007 年之后出现的微童话的写作,140 个字篇幅的限制,也对儿童文学生态产生一定的影响。总而言之,进入 21 世纪以来,儿童文学出现了多元共生的形态。"

所谓大众儿童文学的概念也应运而生。这一范畴的提出,使得艺术儿童文学与大众儿童文学之间减少了观念上的冲突和摩擦。当然两者各有所长。前者更注重作品意韵,强调的是历史效应。后者更注重横向的吸收,强调的是即时效应,但这样的作品缺少纵向深入,会让作家的创作只能原地踏步,甚至永远处在洼地。当然,最理想的儿童文学应该既是艺术的,又是大众的。

5.5 关怀农村儿童阅读状况

　　与儿童图书出版在整个出版领域的繁荣景象形成鲜明反差的是,广大农村儿童图书销售覆盖率并不高,甚至有的地区还未开发。儿童图书出版销售额和市场份额的连年攀升,大部分来自城镇市场的贡献,农村地区儿童的整体阅读状况依旧非常薄弱,"阅读缺失"问题依旧严峻。与城镇少年儿童拥有品种繁多且质量越来越高的童书阅读资源不同,中国有些农村童书阅读资源奇缺,区域童书资源分布差异显著。在我国广大农村地区,除了教科书之外的高质量的儿童图书总量不足,人均更少并且种类匮乏。孩子们的书桌上除了学校发放的教科书、辅导资料和从学校图书室借到的少量童书外,再难见到适合他们身心发展的正规儿童读物。据我国图书销售和图书阅读有关资料,占我国儿童人口半数的城镇儿童拥有我国童书资源的88.9%;而另外一半的乡村儿童,只占有我国童书资源的11.1%。2016年我国农村留守儿童为902万人。随着国家实施脱贫攻坚、乡村振兴战略等,2018年8月底全国农村留守儿童下降了22.7%,但依旧有697万人。留守儿童大多因为父母在异地打工而由文盲或者半文盲的祖父母辈抚养。在教育理念落后、经济条件艰苦等环境下,他们的阅读状况更是堪忧。当前我国正从"童书大国"向"童书强国"大踏步迈进,切不可忘记我国还有一些农村留守儿童"无书看""无好书看"。

　　2018年12月,在全国庆祝改革开放40周年之际,中国新闻出版研究院院长魏玉山在《国际出版周报》撰文《中国特色社会主义出版制度的探索与形成:辉煌40年》,提出中国特色出版制度变革体现在9个方面,其中第四条是:"建立了覆盖60万个行政村的农家书屋体系,解决了农村居民读书难的问题,这项前无古人的工程建成了世界上规模最大、覆盖人口最多的农村阅读基础设施。"这是可喜可贺的一大贡献,是政府、教育界、出版界等社会各界对推动教育公平与正义的一大贡献。鉴于青少年是国家的未来,他们的素质直接决定未来国家的长期发展,因此农村儿童图书阅读尤其应引起广泛关注。

　　农村儿童阅读资源奇缺的现状有悖于教育公平与正义,对农村儿童的不良影响是深刻而长久的,是任何成人时期无法弥补的创伤,对我国国民素质的提高、经济社会发展的阻碍会慢慢从隐形呈现为显性。众所周知,儿童阅读与儿童教育、儿童语言发展有着密切的联系。语言能力的发展对个人沟通能力、就业能力的培养至关重要，也是社会阶层流动的重要工具和手段。习近平总书记（2016）多次强调扶贫先扶志，扶贫必扶智，"让贫困家庭子女都能接受公平有质量的教育，阻断贫困代际传递"。在西方，柏拉图（1986）在《理想国》中最早提出教育平等的思想，后来他的学生亚里士多德提出"公正乃德性之首"。19 世纪，"美国公共教育之父"贺拉斯认为，"教育是促进人类平等的伟大平衡器"。"人力资源之父"舒尔茨提出，提高生产的决定因素并非空间、能源和耕地，而是人口素质的提高。科尔曼（1979）认为，教育公平的标准包括进入教育、参与教育的机会均等，教育结果均等和教育对生活的影响力均等，可以归纳为教育起点公平、过程公平和结果公平。作为人类进步的"第一个台阶"，儿童阅读对儿童的性格养成、认知提高和知识启蒙至关重要，是实现人生起点公平的关键要素。诺贝尔经济学奖得主赫克曼（2005）说，"学前教育时期的投资回报率相当于此后所有年龄阶段人力资本回报率之和"。高瞻佩里项目 40 多年的跟踪调查结果显示，对儿童每投入 1 美元，就可以获得 16.14 美元的回报。越是社会地位低下、经济贫困的儿童所获得的投资回报率越高。作为提高儿童语言能力、认知能力、审美能力等最重要的精神食粮，儿童读物应该在各方力量帮助下，尽可能地消除城乡之别、贫富之分，真正成为实现教育公平的普世性读物。

造成农村地区图书拥有量和儿童阅读率偏低的原因是多元的。首先，很大程度上与当地的经济发展程度偏缓和可支配收入偏少有很大的关系。与城市地区相比，农村地区人口基数大，经济发展缓慢，因此农村地区家长收入普遍偏低，可供投资于精神生活的收入十分有限，可用于购买图书的资金过少，消费能力不足。其次，农村地区家长受教育程度不高，对阅读的重要性认识不足。农村家长在忙完繁重的农活之后没有时间和精力进行阅读。农村地区的家长文化水平普遍偏低，还有相当一部分留守儿童由文盲或半文盲的祖父母辈抚养。我国农村长久以来也未形成较好的读书氛围和阅读习惯，对孩子阅读习惯的养成很难形成正面引导。有的家长即使手中有闲钱，在"读书无用论"与"唯成绩论"思想主导下，他们对课外阅读极其轻视，甚至认为是对课内学习成绩的阻碍，不愿意为孩子购买课外书籍。再次，市面上的儿童图书所设置的背景大多以城镇儿童生活环境为导向，适应农村儿童的身心发展状况的读物不多。在市场利润驱动下，出版社往往倾向于选择针对大中城市儿童、知名度高、策划成本低的儿童图书,较少关注农村地区少年儿童的身心需求,无法实现对他们的人文关怀和价值诉求。农村地区图书销售渠道不畅通,可供购买的图书品种偏少,这就进一步压抑了农村地区家长给孩子购买图书的热情。

改善农村地区儿童阅读的普及率也需要多种举措并施。首先,政府要根据大量的调研和摸底排查,制定权威而科学的农村少年儿童阅读推广计划和纲要,为农村地区儿童阅读的改善提供政策导向和支持。鲍莫尔认为,政府有充足的理由干预文化产品的供给。童书是一种公共文化产品,政府应该根据农村消费者的需求,对其供应状况予以干预,增加儿童图书的有效高质供给。2011 年,我国颁布的《中国儿童发展纲要(2011—2020 年)》指出,广泛开展图书阅读活动,鼓励和引导儿童主动读书,为儿童阅读图书创造条件;要求推广儿童图书分级制,增加农村流动图书馆,为农家书屋配备一定数量的儿童图书;倡导全民阅读,儿童优先,不落下农村儿童,特别是"留守儿童"和"老少边穷"地区儿童,让农村儿童"人人有书",与城市儿童站在同一条阅读起跑线上,满足中国农村儿童的基本诉求,建设"书香中国"。国家统计局在 2016 年和 2017 年分别发布了该纲要的统计监测报告,分别在《儿童与社会环境》《儿童与环境》标题下,提到了"儿童文化产品更加丰富""儿童文化产品和活动场所不断丰富"。但是在这些统计数据里,并没有分别统计城市和农村的童书出版量、公用图书馆个数和藏书量。在总量良好的发展态势下,容易掩盖巨大的城乡童书供给和阅读状况的差异,无法更精准地针对农村地区儿童扶贫扶智。今后统计中需要更精准地分别统计不同地区的以上数据,为农村儿童阅读扶贫提供更切实的政策依据和数据支撑。同时,要以政策补贴等形式大力开展"童书推广下农村活动",引导童书推广界人士将目光更多地投入农村,营造良好的阅读氛围。要加大"阅读改变命运""知识创造财富"的宣传推广。同时,要增加"农家书屋"中儿童图书的比例;建立"中国中小学生基础阅读书目",由政府统一采购,配置在"农家书屋"或者学校,让尽可能多的农村儿童阅读到优质童书。

毋庸置疑,大力推动农村地区经济发展才是硬道理。只有农民手中可支配收入多了,他们为孩子的教育和阅读投资的积极性才会更加高涨。通过国家政策引导,很多年轻父母返乡或者就近工作,他们的教育理念通过实地体验或者网络媒介与城市父母更加贴近,能更好地认识到阅读对儿童身心发展的重要意义,为子女购买图书的消费意愿更加强烈。

另外,出版商要树立正确的出版理念,担负起企业的文化责任,把更多的目光投向农村儿童图书市场,在选题策划、编辑力量、产品设计上关注农村儿童图书市场。其实,专门打上"农村儿童"烙印的图书倒未必受到农村童书市场的欢迎,出版社可以着重于如何把更多优质的国内外童书以更加低廉的价格摆到农村儿童的书桌上,如出版更多面向广大农村市场的平装书,减少中间环节以便节省人力、物力成本,进一步拓宽、理顺销售渠道等等。政府也可以予以相应的补贴,以鼓励出版企业进一步向农村童书市场倾斜,平衡好图书出版的经济效益和社会效益。随着农村经济的发展,在国家政策扶持、农村家长教育理念的提高等因素共同作用下,通过出版社进一步挖掘潜力、做好阅读推广和宣传,农村童书市场将来未必不能成为童书市场竞争的蓝海。

让农村儿童与城市儿童站在同一个阅读起跑线上,任重而道远,但却是政府、作家、插画家和每一个儿童出版界人士义不容辞的历史使命和社会责任。

5.6 数字出版浪潮下的儿童图书出版

数字出版是图书新的存在形式的发展。在千百年的纸质图书之后,电子书的出现颠覆了整个图书出版产业。2007 年之前,尽管数字出版已经存在将近 30 年了,出版商仍然不把电子书的出版当作重要经营板块。然而,2007 年第一代 Kindle 上市不足 5.5 小时即销售一空,自此电子书横空出世,开始改变出版商们的营销模式和大众的阅读习惯。2011 年,亚马逊首次宣布,Kindle 电子书的销售量超过了纸质书,两者的销售比例是 115:100。国际出版市场三大数字出版板块包括教育出版、学术出版和大众出版,与儿童图书出版关系最密切的是教育出版和大众出版两个领域。对于教育出版,发展终端阅读设备、通用的电子书以及数字化多媒体教学是关键。大众出版是三大出版板块中最利于形成产业链条的。大众出版的三个环节包括上游(出版社)、中游(平台方)和下游(终端制造商)。在上游领域,出版商依旧需要把内容生产作为重中之重。以世界最著名的英语图书出版商企鹅出版社为例,该社是皮尔松公司的子公司,在世界媒体业排行第 10 位,主要出版小说与非小说作品,以及儿童图书,在版书达 25 000 种。多年来,企鹅出版社专注于出版事业,坚持内容为王的原则,专心服务和开发作者资源,严格编校流程,使得企鹅这一品牌成为经典优质文学著作的代名词。在电子书革命的大潮中,企鹅顺势而变,全部图书实现纸本与电子版两种形式发行。中游平台已经有亚马逊、巴诺书店、科博等发展较为成熟的电子图书发行平台方。阅读终端方面,亚马逊的 Kindle、巴诺书店的 Nook、苹果的 iPad、索尼的 PRC、三星的 Galaxy Tab 等国际上流行的阅读终端,都是读者阅读电子图书时可以随意选择的。不同的阅读器只要安装了相应的阅读应用程序(App)就可以阅读相应平台推出的电子书了。阅读终端的可兼容性是大势所趋。

国际三大出版领域的数字出版格局已经初见端倪,中国的数字出版事业也在蓬勃发展。2018 年,安徽少年儿童出版社社长张克文指出,中国童书数字出版越来越呈现出互联网化趋势。目前,中国童书出版社基本上都完成了纸质图书的初级数字化进程,并在产品上实现突破,运用 AR、VR 等技术,把纸质图书变成带有声音、3D 画面的图书,增加了图书的附加值,拉长了产业链。同时,童书出版的平台和流程正在改变,通过全媒体、多介质的复合出版,完成由内容提供商向信息服务商的转变。同时,中国童书出版的数字化也出现了许多新变化:第一,以知识付费和有声产品为代表的数字出版产品类型越来越多;第二,童书数字出版项目越来越互联网化,童书数字出版与互联网产品运营联系越来越紧密,涉及产品开发、运营及竞争手段,甚至整个互联网生态圈的建立;第三,数字化出版在儿童阅读方面的应用越来越广泛,随着互动阅读、大屏幕的教育产品发展,相信数字出版在客厅场景下会有好的产品出现;第四,人工智能在数字出版中的应用会越来越普遍。在具体应用中,人工智能包括视频、图像、语音、文字、大数据等各方面的技术融合。在细分方向上,人工智能在儿童阅读中的智能推荐,对儿童阅读过程的定量、定性的分析,对情绪、注意力等的分析及判断也非常有帮助。

第 **6** 章

中国儿童出版产业商业模式创新机制研究

　　艾尔弗雷德·D. 钱德勒在 1977 年出版的《看得见的手——美国企业的管理革命》中明确表示:"现代工商企业在协调经济活动和分配资源方面已取代了亚当·斯密的所谓市场力量的无形的手。市场依旧是对商品和服务的需求的创造者,然而现代工商企业已接管了协调流经现有生产和分配过程的产品流量的功能,以及为未来的生产和分配分派资金和人员的功能。由于获得了原先为市场所执行的功能,现代工商企业已成为美国经济中最强大的机构,经理人员则已成为最有影响力的经济决策者集团。"在钱德勒看来,管理协调这只"看得见的手",相比市场协调这只"看不见的手"而言,能够带来巨大的生产力和丰厚的利润,能够提高资本的竞争力,由此管理的变革会引发生产和消费的显著提高。德鲁克(1985)说:"在每一个企业中基本上有三种创新:产品或者服务上的创新,市场、消费者行为和价值上的创新,以及制造产品和提供服务并把它们运到市场上所需的各种技能和活动上的创新。它们可以分别叫作产品方面的创新、社会方面的创新、管理方面的创新。"他认为管理是 20 世纪的重要创新。创新绝不只是科技的术语,它更应该是一个经济或社会的术语。从供给的角度而言,创新就是改变资源的产出;从需求的角度而言,创新则是改变资源给予消费者的价值和满足。迈克尔·波特(2014)说,没有不能赚钱的行业,只有赚不到钱的模式。德鲁克(1985)说:"互联网消除了距离,这是它最大的影响。"零距离的时代需要新的商业模式,今天所有企业的商业模式都建立在分工理论上,因此当今各类企业的商业模式都要变革。企业的商业模式必须是一个动态发展的过程,需要不断地创新才能不被时代淘汰。德鲁克发展了熊彼特的创新理论,提出的"抛弃政策"就是能够不断抛弃"旧的、过时的"理念,利用企业家精神不断推动企业创新发展。根据德鲁克的理论,为了实现出版企业持续创新发展,企业商业模式需要"抛弃旧的管理系统"进行系统性、动态性和持续性的创新。在这些理论关照下,关于出版企业管理和运营模式的商业模式创新研究就尤为重要。

6.1　商业模式理论概述

"商业模式"的概念起源于20世纪90年代。国内外学者对商业模式的界定可谓是众说纷纭。目前,在国际上比较具有代表性的商业模式定义有以下四种:一是将商业模式描述为企业获取利润所依靠的载体,具体来说就是企业的运营模式。比如泰莫斯将商业模式具体表述为企业所生产的产品、服务和信息流向的架构,是由对不同商业主体所起的作用、潜在盈利源和收入来源的描述等构成的;二是将商业模式描述为对企业的产品核心竞争力、市场定位、可持续性收入来源等主要方面的总体考察。比如,Morris 等(2003)认为商业模式是对商业系统的一种简单描述,旨在说明企业如何对战略方向、运营结构和经济逻辑等一系列具有内部关联性的因素进行整合定位,在市场竞争中建立长久优势;三是把商业模式描述为企业是通过哪种运营流程和设计思想来创造市场盈利的,也就是企业获得的运营利润。把商业模式定义为对企业的顾客、合作伙伴间的经济利益关系的描述,目的在于分析企业提供的产品服务与获取市场经济信息和资金的流向,以及参与主体能获得的主要利益;四是从整体上和经济逻辑、运营结构与战略方向三者之间的协同关系上,说明企业商业系统运行的本质。例如,认为商业模式的最根本内涵是企业为了自我维持,也就是赚取利润而经营商业的方法,从而清楚地说明企业如何在价值链上进行定位,并获取利润。王炳成(2016)用一个图表对商业模式的定义进行了汇总分析,得出的结论是,商业模式基本描述的是一个公司是如何创造价值,如何把价值传递给客户,如何获得自身的价值(盈利)以及这些要素之间的逻辑关系,是企业为了获取利润进行的各种相关活动的整体性设计与描述,旨在对企业在战略方向、组织结构、运营和经济逻辑等一系列具有内部关联性的变量方面进行定位和整合,以便在特定的市场上建立竞争优势。商业模式从国家层面上看,是效益和盈利;从区域经济层面上看,是规模经济和区域竞争力;从具体企业层面上看,是企业核心竞争力的具体表达。

　　不同的企业类型,采取的商业模式构成要素也不尽相同,这些要素尽管称谓不同,但却有其共性。来自各个领域的学者们从不同的视角提炼出商业模式的构成要素,其个数从 3 到 12 个不等。其中,较为流行的商业模式九要素论的代表人物是奥斯特瓦德。奥斯特瓦德(2016)在他的《商业模式新生代》中指出:"商业模式是一种包括了一系列要素及其关系的概念性工具,用以阐明某个特定实体的商业逻辑。商业模式描述了公司所能为客户提供的价值以及公司的内部结构、合作伙伴网络和关系资本等借以实现(创造、推销和交付)这一价值并产生可持续盈利收入的要素。"他认为,商业模式的基本要素包括价值主张、目标客户、分销渠道、客户关系、资源配置、核心能力、合作伙伴、成本结构、盈利模式,见图 6-1。

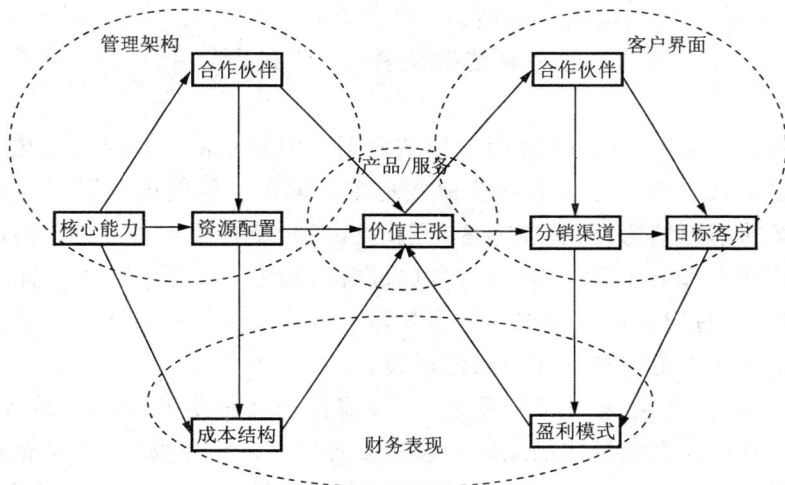

图 6-1　奥斯特瓦德之商业模式九要素

　　九要素论将企业的商业模式分析进一步细化,引导着学界和商界对商业模式多个方面进行宏观通盘考虑,对企业运营中涉及的各要素和子系统进行更深入的研究。但是对系统进行内部逻辑分析发现,该学说对九大要素之间的相互关系挖掘不够深入:没有突出哪个要素处于核心地位,哪个要素属于外沿因素;资源配置与分销渠道、合作伙伴有包含或交叉关系;核心能力与资源配置、价值主张和盈利模式之间互为因果。另外,企业经营中一些非常重要的因素,如企业组织结构、竞争壁垒等未在此系统中体现。由此可见,九要素论在指导企业运营发展中还存在许多现实障碍。

　　关于商业模式的要素研究,国内比较有影响力的是北京大学深圳汇丰商学院魏炜与清华大学金融学教授朱武祥（2008）在合著的《发现商业模式》中提出的六要素论。六要素论主要是从经济学的角度对商业模式进行了解读，认为商业模式归根到底是利益相关者的交易结构，"完整的商业模式体系包括定位、业务系统、关键资源和能力、盈利模式、自由现金流结构和企业价值"。六大要素相互影响，构成有机的商业模式体系。六要素论试图把商业模式看作一个有机整体来考量企业的竞争力和企业价值，对商业模式的构建、分析、评估和创新提供了更有操作性的方案。但是这六个要素的内涵上却存在概念的重合和交叉。比如，按照该理论，"盈利模式"是指企业如何获得收入、分配成本、赚取利润。那么"盈利模式"这个要素就与"定位"（企业应该做什么，决定了企业应该提供什么特征的产品和服务来实现客户的价值）、"业务系统""关键资源和能力"存在概念上的交叉；"关键资源和能力"在一定程度上包括了"业务系统"，两者应为"包含"关系，而非"并列"关系。

另外，栗学思（2015）在《商业模式制胜》中提出的"七维商业模式"也具有一定的代表性。他认为商业模式是企业创造价值的内在逻辑及其整体解决方案的基因结构，是企业为客户创造价值的差异性样本。企业创造价值的内在逻辑与整体解决方案包括客户、产品、运营、渠道、经营者、管理机制和商业壁垒，对应着价值需求→价值载体→价值创造→价值传递→价值选择→价值驱动→价值保护这样一条逻辑线索。

显而易见，不管采用哪种要素学说，前提条件都是商业模式是多维的，而非单一维度。商业模式的系统价值高于各要素的简单叠加，不是企业资源的简单拼接组合，而是各个要素的有机互补、整合，是价值链的重构和优化。诸多类似迪士尼和哈利·波特价值链开发的成功案例已经充分证明了这一点。

在以上企业商业模式要素分析的基础上，我们可以审视儿童出版企业商业模式构成要素。目前专门从产业全局层面探讨儿童图书出版产业商业模式的学者并不多，比较典型的是重庆出版集团杨耘在《童书出版：商业模式的设计和探讨》中对出版商业模式的要素设计。他认为，童书出版产业商业模式基本要素应该包括价值主张、核心竞争力、消费者目标群体、分销渠道、成本结构、收入模型等，各要素相互作用、形成系统。他还认为，儿童出版企业价值主张总体要求是良好的社会反响、传播效果和商业价值；从培育与开发原创作者和原创作品入手提高童书出版企业核心竞争力；以低幼和青少年读者为主要消费者目标群体，包括一些其他年龄段的读者；童书出版的主要渠道为新华书店网络、民营承销商网络和网上书店，另有少儿图书专有渠道，如"亲近母语"等儿童图书的直销网络；在成本结构方面，童书出版通常以图画和彩色为主，因此在稿酬（通常支付文字和画稿双稿酬）、开本、版式设计，以及纸张、材料工艺和制版等方面产生的成本高于普通文字图书的成本；童书出版的收入模型也包括图书销售、版权贸易、后续或衍生产品销售。石蕊博士在此商业模型基础上，从文化创意产业视阈出发，从原创版权为核心的产业链发展模式、版权代理为核心的版权经纪发展模式、产业集聚为特征的园区发展模式、跨界经营发展模式、按需出版等方面探讨童书出版企业商业模式的选择。在以上分析的基础上，本书将从儿童出版产业独特产业个性、企业竞争力提升路径和产业链发展几个方面构建我国儿童出版商业模式创新模型，从而探究我国儿童产业优化升级的创新路径。

6.2　中国图书出版产业商业模式的几个转型

时代大潮向前推动，我国传统出版产业也得势而变，把传统以纸媒为主进行简单的信息复制和加工的商业模式，向信息化、数字化现代出版企业商业模式转型。这种转型必将涉及企业价值观的重塑、企业文化的创新，以及如何通过知识和信息的开发、挖掘和使用将内容产品数字化，利用网络技术拓宽传播渠道、升级营销方式、延伸和拓展产业链等。

首先，从单一产品供给向多元化、多层次、多方位产品提供加服务商业模式转型。多年来，儿童出版企业往往定位的主要任务就是联系作家，出版儿童图书产品，然后进行编辑、出版、印刷、发行到销售的垂直产业链运作。然而，新的时代各行各业都已意识到，产品之外能够围绕顾客体验而提供优质的服务也是产业链可以增值的蓝海。为消费者提供多元化的信息知识服务，满足多元化需求，通过提升消费者体验来提升客户黏度，可实现自身的商业利益。例如，麦格劳-希尔教育出版集团为了满足消费者对数字图书教育功能性的要求，就提供了家庭作业管理、在线课程、电子书、课外辅导材料等数字出版物，从而大大改善了用户的消费体验，获得极大成功。

其次，从传统技术向数字化、信息化转型。数字化时代，出版社必须采用新的商业模式,充分利用数字技术、信息技术和网络技术,更新传统图书出版的各个环节,把信息技术与出版产业链全面对接,提升企业的硬实力和软实力。商业模式的数字化、信息化是指在信息的收集、处理以及图书的编、印、发、供、销等各个环节实现网络化、数字化,提升图书质量,缩短出版周期,降低出版成本,通过网络和计算机技术远程编发稿件、组织出版或开展市场调研,向读者提供方便而快捷的书目、内容介绍、作者介绍,为读者推介最新的数字产品和服务,从而更好地提升用户体验,大大地促进出版效率的提高。

再次,从地区性竞争向全球性竞争转型。过去由于地域、技术等因素的限制,出版产业的竞争主要还是在本国内或者本地区内的竞争,视野狭小,辐射范围较窄。建立出版企业新的商业模式就是要把出版企业的视野放得更加宽广,走出国门,树立文化自信,培养自身特色和产业竞争优势,积极参与到国际出版市场的大舞台上去,充分利用国内、国际两种资源。比如在全球范围内组稿,向全球先进出版集团和发行集团学习或者与他们建立战略合作关系,与全球读者进行零距离接触,同时立足民族文化,向世界推介自身的优势产品,通过比较优势尽力占领全球出版产业链的制高点,获得更大增值空间。

6.3　儿童出版产业商业模式产业特性

儿童出版企业也是以生产经营为目的,最终目标是传播产品价值和获得利润。因此,商业模式的理论也适用于儿童出版产业。但是儿童出版产业的商业模式有其鲜明的产业个性和特征。首先,儿童出版产业是知识密集型、高文化附加值的文化创意产业。儿童出版企业将儿童作者或者插画家的创意和智慧形成的作品进行编辑、加工、制作、包装、发行,创造基于文化产品的附加价值。其产品以智力的投入为主要形成要素,知识和创意贯穿于出版活动的选题、审稿、加工、包装及发行的各个环节,是出版产业运行的核心动力。这是儿童出版产业与其他图书出版产业的共性所在,但也是图书出版产业与其他产业相比的鲜明个性。

其次,儿童图书出版产业的主体目标读者群是 18 岁以下的未成年人,而购买者却可能是父母等成年人,这是儿童图书出版产业的个性。儿童出版产业双位消费者的现象其实在其他产业也有类似现象,比如儿童服装产业、动漫产业。这些产业面临的共同问题都是如何能够既能达到成年人的心理预期,又能满足少年儿童的阅读兴趣。以迎合成人购买者的"成人本位"商业模式进行设计显然是行不通的,毕竟图书的阅读者是少年儿童,他们对图书的选题、内容、插画、装帧等方面有着有别于成人的审美情趣,如果小读者不感兴趣,反过来也会影响成年购买者的消费欲望。詹姆斯·U. 麦克尼尔和张红霞(2008)在其合著的《儿童市场营销》一书中谈到,通过研究者在北京、天津两地对 1 496 个家庭的调查,孩子对父母、祖父母在购买某些与他们相关商品上,其影响力能达到 75% 以上。有四分之一的父母主动说他们在购买许多商品时会考虑到孩子的喜好。在某些家庭可能这个比例还要高。大部分中国家庭是"儿女导向型"家庭,孩子对家庭购买商品的影响力在 68% 左右,而美国孩子的平均影响力只有 45%。由于中国父母和孩子都认为,要想有好的未来,就必须有好的学习书籍和学习用品,所以在父母的引导下,相当多的中国孩子从父母或者祖父母那里得到的零花钱用于购买书籍和学习用品。基于以上情况,可以看到儿童出版产业在制作生产、包装发行和营销的各个环节,必须考虑到儿童为导向的独特消费群体的需求。麦克尼尔和张红霞还谈到儿童从婴儿期就通过名字、象征符号、人物、颜色等与品牌发生了联系,他们开始走路的时候就开始从柜台上拿他们喜欢的品牌了。儿童这种品牌意识在童书出版方面也许没有那么明显,但是对于购买童书的成人消费者而言,却会影响他们的购买决策。有调查显示,对于同样主题的书籍,成人消费者一般会优先选择知名儿童出版社出版的,或者亚马逊、当当等大型电子平台。这就是童书出版、发行和渠道平台都需要培养品牌意识的原因。当然,从另一方面讲,儿童出版产业消费群体的独特性也为儿童出版产业商业模式创新提供了新视角,经过培育,可以成为图书出版产业的蓝海。

第三,儿童图书出版产业必须寻求社会效益与经济效益的统一。迈克尔·波特(2007)在《竞争优势与企业社会责任之关系》一文中指出,人们普遍对企业社会责任存在的一种误解就是把企业与社会对立起来,而这两者事实上是相互依存的。当企业把社会价值与企业价值视为一体时,就会在创造企业价值的同时也促进社会价值的实现。这是现代企业走向成功所必须持有的经营理念。儿童出版产业的产品是包括精神内容的物质产品,本身就兼具物质和精神的双重属性。一方面,儿童出版物所承载的是精神活动的产物,独特的读者群体决定了它所肩负的社会责任比一般出版物更加大,要用更加积极、更加有创意的方式反映或者勾勒人类社会过去、现在与将来的政治、经济、文化、科技、艺术和社会生活,要传承历史和传统,帮着孩子们树立文化自信,传播先进文化。另一方面,出版物生产本身就是一个物质生产的经济活动,其策划、编校、印刷、发行、销售等各个环节都是在市场流通领域进行的经济活动。儿童出版产业和其他产业一样,必须面对流通、消费和竞争,具有完全意义上的经济属性。也就是说,鉴于儿童出版产业所生产的商品既是精神产品,又是物质商品,儿童出版企业必须在其履行文化属性和经济属性最大化之间寻找到平衡。

可喜的是,如今企业之间的竞争早已由产品的竞争转变成为理念的竞争、模式的竞争和价值链的竞争。企业社会责任可以促进童书出版企业文化变革和业务发展,企业会更加富有活力和动力,价值链就会更加具有竞争力。对童书出版企业来说,需要从战略发展的视角来思考企业社会责任对企业和行业持续发展的意义,因为它决定了出版企业如何看待和处理包括儿童、家长、作者、编辑、社会等诸多利益相关者在内的关系,对童书出版行业未来的发展极为关键。童书出版企业的使命是通过阅读帮助孩子和他们的世界联系起来,让孩子们生活得更快乐、更健康、更充实。要坚持儿童本位,创意和决策要以对孩子有利和孩子们不断增长的文化需要为出发点,开发儿童产品都要考虑孩子的阅读心理特点和认知特征,防止儿童图书作品的"成人化"和"污浊化",杜绝粗制滥造,提倡高质量阅读。

通过以上可以看出,儿童出版产业有其鲜明的产业特征,因此,在设计其商业模式时,要充分考虑到其产品的高知识密集型、文化附加值,要考虑到其读者群体的独特需求,通过采用创新性的方法把社会责任的理念设计到企业架构中去,把创意和创新内化入企业的商业模式设计,构建新型的童书出版模式;使社会责任成为企业战略的一部分,强化企业的核心能力,并将这种能力进行整合,通过创新管理模式促进行业公平有序发展,尽可能地达到企业形象与企业行为的统一、企业文化责任与经济效益的统一。

6.4　儿童出版产业商业模式创新

20 世纪末至 21 世纪初,战略管理学、工业经济学领域乃至营销学界的专家,如艾米特和肖特、汉米尔、金和马堡尼、马特森,开始关注商业模式的创新。有些学者,如考米特和贝尔纳尼克、马克兹,认为商业模式的创新必须是总体的根本性变革,艾米特和肖特却认为商业模式的创新也可以是局部的乃至细微的变革。他们认为商业模式的创新可以是内容的创新、结构的创新或者治理的创新。然而随着时代的发展,企业商业模式的创新一定是一个动态而非静止的过程。

基于儿童出版产业特殊产业个性的分析可以看出,儿童出版产业生产的是具有高文化附加值的产品,其所传播的社会文化价值是其他企业产品所不具备的,与其他产业的企业商业模式还是有一定差别的。在现代市场经济条件下,作为生产经营者,儿童出版企业必须从少年儿童读者的需求出发,设计并提供适合其阅读需求的知识内容、信息产品或后续服务,并以此获得持续的经济收益,从而体现出出版企业独特的社会文化价值和经济价值。儿童出版企业商业模式可以界定为儿童出版企业在明确市场目标读者群的价值需求(包括教育需求、文化需求、成长需求、趣味需求、审美需求等)的情况下,构建个性化的外部出版市场交易环境与出版企业内部出版业务流程,以获得出版企业可持续发展所必需的竞争优势和盈利模式,并体现出版企业文化和经济价值的商业运行模式。

随着社会发展和信息的不断更迭,童书市场发展瞬息万变,一味固守原有企业经营模式注定要被时代淘汰。处于文化产业核心层的儿童图书出版产业也面临着商业模式的创新探索和挑战。由于童书出版产业消费群体具有独特的儿童天性和认知特征,其商业模式的创新立足点必须是创意。这未必意味着全新的形式创新,它可能是公司发展战略的调整,可能是原有文化资源的重新配置,也可能是营销模式的创新、渠道的拓展或者产业链的延伸。德鲁克曾经指出,创新必须紧紧围绕顾客的需求展开,即以顾客的体验需求为基础。几乎不存在不理性的顾客,顾客几乎都是从自己的实际需求出发而购买商品的。他特别强调,制造业者认为有价值的东西,对于顾客来讲可能是不相干的东西,是一种浪费和无益的费用。对于一个企业而言,“顾客考虑的价值是什么”这个问题,只能由顾客自己回答。企业管理者需要对顾客进行系统的调查,以“顾客的各种需要有哪些还没有提供给他们”和“还可以生产哪些产品或者提供哪种服务”为出发点,通过创新制作、发行和营销方式,来获得企业更长久的发展。文化企业的商业模式创新需要更强调顾客体验价值的创造、关键资源的整合和盈利模式的重塑。因此,儿童出版企业需要通过系统的商业模式设计，不断补齐其商业模式的"短板"，构建完整的价值创造循环，创造出超越客户需求的价值，构建企业核心竞争力，帮助企业获得持续盈利和成长。

　　具体说来，对于儿童出版社而言，商业模式的创新包括以内容为中心、以顾客为中心，从只关注引进转为"引进来"与"走出去"并重，从传统单一纸质图书的生产转为传统与电子图书产业链共同开发，从单纯内容生产商转为版权交易方、顾客阅读体验全方位服务方等，从传统的图书生产和销售转为新媒体时代的跨界融合、组合营销。

第 7 章

儿童出版产业链概述

7.1　出版产业链理论概述

　　哈佛商学院教授克莱顿·克里斯滕森(1997)认为,商业模式就是创造和传递客户价值和公司价值的系统。可以把商业模式分为两大类,即运营性商业模式和策略性商业模式。运营性商业模式解决的是企业与环境的互动,包括与产业价值链环节的互动。策略性商业模式涉及企业生产经营的业务模式、渠道模式和组织模式,是对运营性商业模式的扩展。作为运营性商业模式的重要构成要素,企业的产业价值链定位指的是企业处于什么样的产业链条中,在这个链条中处于何种地位,企业结合自身的资源条件和发展战略应如何定位。事实上,产业链理论研究兴起于 20 世纪 80 年代末、90 年代初。1985 年,哈佛大学商学院迈克尔·波特在《竞争优势》一书中提出"价值链"概念。他认为,"每一个企业都是在设计、生产、销售、发送和辅助其产品的过程中进行种种活动的集合体。所有这些活动可以用一个价值链来表明。"企业的价值创造是通过一系列活动构成的,这些活动可分为基本活动和辅助活动两类。基本活动包括内部后勤、生产作业、外部后勤、市场和销售、服务等;而辅助活动则包括采购、技术开发、人力资源管理和企业基础设施等。这些互不相同但又相互关联的生产经营活动,构成了一个创造价值的动态过程,即价值链。产业链研究是价值链问题研究的延伸和拓展。甚至有学者认为产业链就是产业价值链,"从本质说,产业链是具有延续追加价值关系的活动依附于一定的产业环节所构成的价值链关系。"这种观点是以波特的价值链理论为基础形成和发展起来的,强调企业的价值增值活动是形成产业链的基础和归宿。产业链的理论渊源可以追溯到西方产业分工和产业关联理论。

1776年，亚当·斯密在《国富论》中第一次提出了产业分工理论，他系统全面地阐述了劳动分工对提高劳动生产率和增进国民财富的巨大作用，指出工业生产是一系列基于分工的迂回链条。17世纪，古典经济学的先驱威廉·配第提出产业关联思想，把生产看成是一种循环流，不同经济部门相互联系、相互依存。法国魁奈于1758年发表了《经济表》，进一步发展了这一思想，即把生产看成是一个循环过程，并以经济剩余的形成为核心，揭示生产各环节的关联性。而波特的价值链理论主要是从微观理论分析了企业内容竞争优势，后来约翰·沙恩克和菲·哥芬达拉加把价值链理论延伸至一个产业的层面，认为在一定意义上，价值链也可以看作产业链，或可称作产业价值链。

然而，还有一些学者认为产业链与价值链的价值并不完全等同，二者的内涵和外延是有差异的。有的学者从产业关联理论出发，强调产业链具有典型的供需链特征，这种上下家的供需链具有明显的时间特征。"产业链可以定义为具有某种内在联系的产业集合，这种产业集合是由服务于某种特定需求或进行特定产品生产（及提供服务）的一系列互为基础、相互依存的产业所构成。"这种观点认为，产业链的实质是产业之间的关联性，而产业关联的实质就是产业之间客观存在的供给与需求、投入与产出的关系。

还有一种观点认为，产业链是关联企业在地域上的空间分布状态和空间组织形式，是一种资源优势企业集合，产业关联成员之间是一种基于优势互补的"互为基础、相互依存"的战略关系。"产业链是一种建立在价值链基础上的相关企业集合的新型空间组织形式。"这种观点强调的是产业链的空间特征。也就是说，供应链描述的是产业链的时间特征，空间链描述的是产业链的空间特征。产业链有空间的分布，产业链上诸产业总是从空间上落脚到一定地域。产业链的空间存在特征与产业资源分布和产业发展生态环境有关，当某一地域产业发展资源丰富，而产业发展环境相对宽松时，就容易形成产业发展的空间链。

国内最早提出产业链理论的是傅国华，1993年，他提出了"农业产业链"。此后，产业链学说扩展到各个产业领域。下面仅举几个有代表性的观点。

有的学者从供给和需求等前后关联的角度出发解释产业链学说。早期的学者如陈博、周路明、鲁开垠、郭海君等主要停留在生产要素的提供或购买上，或者投入与产出形成的链条式联系上。随着研究的深入，学者们的研究范围逐渐从静态扩展到动态,从单纯的投入、产出的关系扩展到消费者,这类学者包括郁义鸿、王云霞、刘富贵、王缉慈、高成亮等。乔忠、蒋国俊、卢明华等则注重从产业关联形成机制探究产业链问题。蒋国俊等在《产业链理论及其稳定机制研究》中指出,产业链是指在一定的产业群聚区内,某个产业中具有较强国际竞争力(或国际竞争潜力)的企业与其相关产业中的企业结成的一种战略联盟关系链。张铁男、郭彤梅等学者则赞同产业链就是产业价值链,产业链不仅是一个前后联系的动态过程,还是一个增加价值的活动过程。例如,芮明杰 2006 年在《产业链整合理论述评》中就指出产业链是一种增加价值的活动过程。

其他有代表性的学者,如龚勤林(2004)在《论产业链延伸与统筹区域发展》一文中指出,产业链是产业部门依据一定的经济技术要求连接形成的链条式加工转换经济活动联系。刘刚(2005)则认为,产业链是建立在波特价值链基础上的、由不同产业的企业所构成的一种空间组织形式,是相互独立的企业之间的连接,通常是指不同产业中企业之间的供给和需求关系。周新生(2006)提出,产业链是指一个产业在生产产品和提供服务过程中按照内在的技术经济关联要求,将有关的经济活动、经济过程、生产阶段或经济业务按次序连接起来的链式结构。从狭义上讲,产业链指围绕一个核心产品(有形产品或无形产品),从其形成到最终消费所涉及的各个不同产业部门之间的关系,即相关产业部门之间、上下游之间的关系。张弛(2015)在以上观点基础上提出:"产业链是建立在波特价值链基础上的、由不同的产业企业所构成的一种空间组织形式,是相互独立的企业之间的连接,通常是指不同产业中企业之间的供给与需求关系。"

可以看出,虽然以上研究者对产业链这一概念的表述并不完全一致,但依然具有不少共性的理解,例如基本认同产业链是在价值链的基础上扩展出来的,是种围绕着特定产品(有形或无形)生产建立起来的相关企业的战略联盟关系链,彼此之间存在着供求关系。

关于产业链的构成,有三要素说、四要素说和五要素说。五要素说由郑大庆等 2011 年在《产业链整合理论探究》中提出。2013 年,王冰在其博士论文《产业链演化下图书出版企业投资转型研究》中进一步全面阐释了五位一体产业链理论。在这种视角下,产业链被看作是由产品链、技术链、供需链、价值链和空间链五个维度构成的。这五个维度相互影响和制约,相互对接的均衡过程中形成了产业链。产品链、技术链、供需链构成了产业链的基础。价值链体现了商品价值的创造和传递,反映了商品价值增值的创造、分配、传递和消费的一系列过程。产业链在组织形式、区域布局和供需流动方面体现的特色和差异,形成产业链的空间链。

7.2　儿童出版产业链

出版产业链具有其他产业链的共性,但其产业特征也非常鲜明。吴楣(2007)在《我国出版产业链现状分析》中提出,出版产业链是指以出版价值链为基础的、由具有连续追加价值关系的出版关联企业(如工作室、出版社、印刷厂、书店)组成的企业战略联盟。简单地讲,出版产业链就是出版关联企业基于出版价值增值所组成的企业联盟。其内涵包括三个方面:首先,出版产业链是一种出版资源的组合;其次,这种组合不是无序的,而是要求围绕着某项核心价值来加以优化和提升,具有连续追加价值的关系;最后,出版产业链是出版关联企业组成的企业战略联盟,着眼于"结构"和"动态",而不只是具体的某个"点"。广义的出版产业链概念不仅包括纸质图书出版产业链,还包括电子出版、网络出版产业链等。作者运用 SWOT 分析法对我国出版产业链的现状进行了分析,认为相对于外部环境所具有的优势,我国出版产业内部实力比较弱。

杨根福(2008)以产业链理论为基础,从三个层次的视角分析了出版产业链的功能效应,分别是出版企业视角下的整合效应、竞合效应、协同效应,出版产业视角下的价值增值效应、学习效应、创新效应和区域经济视角下的极化效应、涓滴效应、稀合效应,并提出出版行业跨媒体创新发展的对策。

班子嫣、乔东亮(2008)从产业融合的背景出发,分析了出版产业链的三种整合方式,包括以内容为导向的横向整合、以价值链为导向的纵向整合以及以实现收益和分散风险为目的的多元整合。

武汉大学方卿教授的《出版产业链研究》一书是目前出版产业链研究中比较权威系统的成果,梳理了一些基本的理论问题。比如出版产业链的概念、属性与类别归属,深入探讨了出版产业链的管理问题,包括出版产业链的建设、延伸和拓展,并结合国内外相关案例提出加强我国出版产业链建设和管理的对策。这本著作观点明晰,对其他出版产业链的研究者很有启发和影响。

如前所述，儿童出版产业链是出版产业链的分支，有其产业独特性，值得专门进行细分研究。结合以上学者们的讨论，我们可以把儿童出版产业链界定为以儿童出版价值链为基础的、具有连续追加价值关系的、儿童出版关联企业组成的企业联盟。简单地说，儿童出版产业链就是儿童出版关联企业基于出版价值增值所组成的企业联盟。儿童出版产业链的基础和归宿是儿童出版产品与服务的价值增值，生产的产品品质高且智能化，渠道要无限短，服务要创新。

7.3　儿童出版产业链创新发展路径

新兴产业浪潮冲击下，出版业的营利模式也已经从过去单一纸质图书营利转向纸质图书、数字产品、版权贸易、品牌营销以及以图书为基础经过再加工和创造生产出来的衍生品开发等多元营利模式。儿童出版产业也面临同样的问题。一方面，儿童出版企业要大力开发有创意的原创作品，培养具有国际竞争力的品牌产品，另一方面围绕读者需求，从供给侧视角打开思路，大力开发图书衍生品，延伸产业链条，提升产业链的丰度，拓宽产业链价值增值的常态化路径。儿童出版业态如何坚持从市场中心向价值中心的过渡，如何通过跨界、升级和重塑完成从高速、粗放经营到高质可持续发展的新动能转换呢？

20 世纪末，查尔斯·兰蒂将价值生产链分析法与文化产业相结合，提出文化产业的五个阶段理论，即开始（创意的形成）、从创造到形成产品（产品形成）、流通（文化产品如何被传播）、发送机构、最终消费者的接受。查尔斯·兰蒂将波特的价值生产链分析法引入文化产业，可以为儿童出版产业链的结构分析提供借鉴意义。

郭欣茹、顾江（2009）在《基于价值链视角的文化产业盈利模式探析》中提出，文化产业价值链主要由创意内容的策划、文化产品的设计和生产制作、市场推广和消费者服务环节等几部分构成。作为文化产业的分支，我国儿童图书出版产业链的利益分配要经过的节点如下：作者—出版社—批发商—零售书店摊—读者。据此，儿童出版产业链可以分为上游、中游、下游。

上游：对应着创意内容的生产和策划，也就是儿童出版的创意来源。主要包括作者和图书企业。作者为出版企业提供各类稿件,作者包括自然人及各类创作机构。读者购买出版物是为了满足其对内容的需求,内容平庸的出版物很快就会被市场淘汰。所以,优秀的作者群是出版企业重要的资源。图书企业是图书策划环节的主体,是连接作者与出版社的桥梁。图书企业通常会结合市场需求,进行调研、选题、策划、编辑与制作,向作者购买版权,审核民营图书公司提供的选题策划,同出版社合作取得书号,收入与作者、出版社进行分成。

中游:对应着少儿出版产品的生产制作。出版社对自主策划或部门报批,通过后可申请书号,进行图书出版,并在国家新闻出版广电总局备案。实体书的印刷均由出版社委托印刷厂进行,印刷成本较为固定。

下游:对应着少儿出版的分销流通以及服务的推广。具有图书批发资质的发行商从出版社购入图书并销售给下游分销商,取得发行收入。主要发行渠道包括省级新华书店发行集团、邮政系统、民营发行企业、线上发行渠道等。区域性的分销商从发行商处购得图书,并分发给零售商。零售渠道主要分为实体书店和线上渠道,实体书店包括新华书店、民营书店、跨界书店等;线上渠道包括当当、亚马逊、京东等。

产业链中大量存在着上下游关系和相互价值的交换,上游环节向下游环节输送产品或服务,下游环节向上游环节反馈信息。

和其他类型图书出版流程一样,儿童图书的出版流程可以细分为策划、出版、发行、分销、零售五个环节。我们可以认为,策划环节处于儿童出版产业链的上游,出版环节处于中游,而发行、分销、零售三个环节处于下游。儿童出版产业的创新就是要围绕顾客需求,通过多元手段有效吸纳儿童出版产业链上各个环节入市,并开发出多种营利渠道。价值主张、产业价值链结构、营利模式在各种商业模式的构建中都占据着特别重要的位置。价值主张关注消费者的需求,即从消费者角度来看,企业能为消费者带来什么;产业价值链关注企业对产业链的组织能力,即企业是否能够整合产业链的各个环节、在多大的程度上进行了整合;营利模式则关注企业的收入策略和分成管理。这三种因素的创新程度及成功与否将直接决定企业的成败。

与传统图书产业不同,电子书的产业链异常复杂,上游有内容供应商和内容集成商,如各大、中、小型图书出版社、自助出版者、电子图书数据库,中游则包括平台运营商(网上书店)、电信运营商等,下游包括硬件制造商,如智能手机、电子阅读器、平板电脑、个人电脑等生产商以及消费者等。此外，电子书产业还牵涉到格式和数字版权保护，需要与相关软件企业进行密切配合。因此，这个产业是一个聚集了内容产业、IT 产业、电信产业、各种数字媒体技术的新产业。谷歌的开放式商业模式在整合产业链方面做出了极其有益的探索，被奉为业界圭臬。

从中下游来说，大大小小的电子图书零售商、电子阅读器制造商、智能手机、电脑企业也都可以被有效地整合进来。对那些没有能力开设电子书店或者影响力较小的独立书店来说，这一模式给了其进入数字出版市场的机会，因而深受欢迎。

产业链的建设包括纵向和横向延伸。下面我们分别从产业链的各个环节探究如何进一步在产业融合和数字化时代进一步优化出版产业结构、推动儿童出版产业转化升级。

7.3.1　儿童出版产业链向上延伸

方卿教授在《出版产业链研究》一书中提出，出版产业链的向上延伸指提升出版产业链创意与策划能力，是提高出版业价值创造能力的有效举措。儿童出版产业链作为出版产业链的一个分支，同样适用于这种向上延伸的增值策略，可以说儿童出版产业链的上延策略不仅体现了出版产业的专业分工要求，而且进一步凸显了出版产业作为内容产业的智力特色，为儿童出版产业链中下游的价值实现奠定了基础，也为儿童出版与其他产业的互动合作创造了条件。

出版产业本质上是从事"制造、开发、包装和销售信息产品及其服务"的内容产业。传播技术的进步和传播手段的丰富带来的是对具有经济价值的核心内容的争夺。因此，作为精神生活基本活动的儿童出版生产和传播行为应该以出版精品内容为核心，以引导社会价值观为己任，重视图书内在的品质要求，开展以内容生产资源、内容加工能力、内容创新能力为核心的产业链整合。原创作品是出版产业链的源头活水，尤其对于"创意为王"的儿童出版产业，如果能够在儿童本位观照下，结合儿童心性发展，创新性地创造出具有趣味性、故事性、文学性的原创儿童文学作品，杜绝平庸和跟风，拓宽儿童出版精品孵化的题材，培育科幻、魔幻、探险等各类题材的上乘之作，儿童产业链几乎就成功了一大半。所有 IP 品牌的核心是其内容。优质内容不断放入产业链中滚动升值，文化企业的核心资产就是优质内容。迪士尼的动画电影虽然炫技多多，但是其风靡全球和代代流传的秘诀和弘扬正面人性力量的故事。内容，才是产业链之王。"十万个为什么"丛书从 1961 年诞生至今 50 多年，前后出了 6 个版本，长销不衰，深受少年儿童读者的欢迎与喜爱，成为少年儿童出版社的重要品牌，其核心竞争力就在于内容创新。曹文轩、刘慈欣、沈石溪等作家的优质儿童图书作品产业链的成功，都是儿童出版"内容为王"特性的鲜明张扬。以"中国当代科幻第一人"、2018 年 11 月获得克拉克想象力服务社会奖的刘慈欣为例，自 20 世纪 90 年代开始，他一边在山西省阳泉市的娘子关发电厂担任计算机工程师，一边利用业余时间出版了 13 本小说集。他始终坚持原创、笔耕不辍，目前已经写了 7 部长篇小说、9 部作品集、16 篇中篇小说、18 篇短篇小说等，作品获得中国科幻文学最高奖银河奖、赵树理文学奖、华语科幻星云奖最佳长篇小说奖、人民文学柔石奖短篇小说金奖、首届西湖类型文学奖金奖、第九届全国优秀儿童文学奖等。代表作有长篇小说《超新星纪元》《球状闪电》《三体》三部曲，中短篇小说有《流浪地球》《乡村教师》《朝闻道》《全频带阻塞干扰》等。其中《三体》三部曲被普遍认为是中国科幻文学的里程碑之作，将中国科幻推上了世界的高度。2015 年 8 月 23 日，《三体》获第 73 届世界科幻大会颁发的雨果奖最佳长篇小说奖，为亚洲首次获奖。2017 年 6 月 25 日，刘慈欣凭借《三体 3：死神永生》获得轨迹奖最佳长篇科幻小说奖。2013 年，刘慈欣更是以 370 万元的年度版税收入成为第一位登上中国作家富豪榜的科幻作家，收入位列第八届作家富豪榜第 28 位。而在 2015 年，刘慈欣以 1 000 万元人民币的收入"突飞猛进"，升至榜单第 11 位。刘慈欣始终坚持原创作品，擅长将工业化过程和科学技术塑造成某种强大的力量，通过使用"密集叙事"和"时间跳跃"等手法，让读者身临其境感受细腻大场面，引发人们对自然灾害、宇宙困境、技术进步、伦理善恶、人类生存等宏大主题的思考，富有人文主义和理想主义的色彩。

再比如 2017 年作家销量冠军杨红樱。根据开卷对 2017 年图书零售市场销售情况的统计（不包含系统发行、直销及批发），除教辅类图书以外，2017 年作品销量占整个图书市场销量千分之一以上的作家有 37 位，杨红樱名列榜首。

杨红樱 834 种在销图书销量达到图书市场的百分之一以上。全国 500 余家出版社，如果平均来算，每家出版社所占销量仅为约千分之二。按照正态分布来计算,销量超过百分之一的出版社不足三分之一。也就是说,杨红樱以一己之力,横扫全国三分之二的出版社。代表作品有《淘气包马小跳》系列、《笑猫日记》系列、《成长小说》系列等。她的作品长时间占据畅销榜单,一举改变了《哈利·波特》自 2000 年以来连续 44 个月占据畅销榜第一的尴尬局面。其成功的最根本原因就是原创性强、贴近学生、个性鲜明。她最初从事科学童话创作,以后转向人文童话,再以后改写小说,投入长篇创作,从此一发而不可收,从作家社的《女生日记》一路写到明天社的《笑猫日记》。至于接力社的"马小跳系列",杨红樱更是倾注了自己长时间的艺术积累。

2018 年底,京东、开卷联合发布 2018 图书市场年度报告。据此报告,畅销作家的新品《你坏》《云边有个小卖部》《杨红樱笑猫日记:又见小可怜》《今日简史:人类命运大议题》依然有着很好的销量。年度畅销新书 TOP100 中,原创图书共 67 种。由此可见,包括儿童图书在内的中国原创图书已经越来越显现出其长期的商业价值。各大出版社也已经意识到作为产业链源头的原创图书内容对企业长期葆有竞争优势的重要性。2019 年,多家少年儿童出版社提出,新的一年选题研发的基本原则是聚焦"种子"选题,突出内容特色,适度控制规模,注重原创和单品种效益。如四川少年儿童出版社明确提出,"持续打造精品,积累长销优势产品";长江少年儿童出版社提出,"精准定位,以小切口反映大主题,做好主题出版;注重产品线培育,抓存量、求增量,实现规模效应;关注细分领域,发力原创精品,打造单品爆款"。总之,培育原创精品是应对当前儿童图书同质重复、品质不一、扎堆跟风出版的根本之策。

儿童图书出版的另一个显著特色是对形式创新的迫切需求。鉴于儿童图书企业面向的是不单纯依靠理性思考的少年儿童读者,他们的感性认识依旧在购买图书决策中起到重要甚至压倒性作用。即使有些书是父母读给孩子听或亲子共读的,少儿图书的主要受众依旧是儿童。所以图书出版商除了关注内容,还要关注儿童图书形式的创新。同一题材,在面对不同年龄时会做出不同材质、排版、颜色、大小均不相同的图书来激发小读者的阅读兴趣。对于一些孩子读不懂的名著,童书出版企业可根据不同孩子的心理特征与认知特点对这些名著进行改编,把语言变得简洁,把内容变得浅显,再配以插图、拼音、提示、导读和注释等,使孩子能较为轻松地阅读和理解这些图书。

为低龄儿童设计、出版的图书，在形式编排、插画等方面应进行多元创新，让儿童的认知和阅读相对容易些，激发儿童兴趣，吸引注意力，启发儿童思维并促进儿童学习。发达国家的出版商在这方面就已经进行了很多有益的探索，积累了丰富的经验。例如在法国，针对学龄前儿童的图书会采用卡纸、无毒发泡塑料、棉布、纸板、植绒等材料；给婴幼儿介绍动物的玩具书用塑料发泡做成动物的样子，方便孩子在洗澡或者玩耍时掌握对动物基本形状的感性认识；还有可以挂在摇篮上方、带着鲜艳图形的布帘书；还有手帕书、枕头书，用卡纸做成的立体书，用植绒做的粘贴书，会发声音的书……德国某出版社出版了一套培养儿童阅读的书，给3岁儿童设计的书共有32页，底色为彩色，插图4幅，文字也是彩色的；给6～7岁儿童设计的图书，文字改用了黑色，底色也改用奶黄色，插图4幅；给8岁儿童设计的图书，文字黑色，底色也不用彩色，插图减少到2幅。他们对"儿童本位观"的坚持体现在各种细节之处：必须充分考虑图与文字的比例；必须系统地规划文字的数量、插图的大小、字体、字号、颜色、页数等，使之符合儿童的阅读特点（视觉特点、阅读时间的极限等）。浙少社引进的德国童书作品《冒险小虎队》，每书附赠一张"小虎解密卡"，每到故事关键处，都要用到这张"解密卡"，吊足了孩子们的兴趣。另外，印刷的油墨、边角的形状等也是儿童图书可以创新的地方。这也告诉我们少儿图书的形式创新也应从儿童的角度出发，要懂得儿童心理，研究儿童心理学。

一般来说，少年儿童读者年龄越大，对图书内容创新度要求越高；小读者年龄越小，对图书形式创新度要求越高。从童书出版的实践来看，知识类、益智类、科普类和音乐类等图书对形式创新要求较高。比如，针对少儿认字的图书，内容的变化一般不大，形式的创新就非常关键了。

在儿童图书产业链的源头实现创新是完全有可能的。除了儿童作家、插画家的理念越来越与国际接轨、视野更加开阔之外，近几年儿童图书策划的主体呈现多元化的趋势也为童书产业链上游实现创新提供了现实依据。图书策划主体的多元化包括竞争主体多元化、竞争客体多元化和竞争方式多元化等。多元化意味着这个行业富有活力、潜力，能吸引更多资源、人才与资本。童书出版多元化必然导致思维多元化、理念多元化和运营立体化。童书出版不再局限于做纸质图书，而是纸质图书、数字图书、音频、视频等多项并举，进行立体运作，以满足少儿读者不断增长的各种文化需求。童书出版与其他邻近文化产业的融合呈现加快、加剧的趋势,其界线也变得越来越模糊。其他行业的从业者与企业可以跨界进入童书出版领域;同样地,童书出版也可以跨界进入其他领域。实践已经证明,童书出版企业跳出童书出版的小圈子做童书出版,创新思路,整合资源,可以取得显著的成绩。

在儿童图书产业链的图书策划领域,按需出版最近几年引起广泛关注。按需出版是长尾理论在出版界的具体呈现,是出版个性化的指征。如前所述,长尾理论是由美国《连线》期刊主编克里斯·安德森整理提出的。该理论一经面世,立即引来众多学者及企业家的广泛关注,更赢得了数字产业众多从业人员的赞同。这一理论认为,随着经济发展和社会进步,时下的文化和经济重心正逐步从少数热门市场转向大量的利基产品市场。那么,分众化引导下的大众市场就产生了长尾市场、部落市场。只要具备足够的存储和传播渠道,整合以后的尾部市场可以和热门市场相抗衡。也就是说,企业的销售能量不在于传统需求曲线上那个代表“畅销商品”的头部,而在那条代表“冷门商品”、经常为人遗忘的长尾。

不同于规模经济不可避免的价格战增值之道,长尾这种范围经济模式可以绕开价格战,因为它不必过多集中于同一种产品的市场,而是可针对分众化的多元化市场,通过广撒网来增加捕鱼量。推动长尾市场需求从热门产品走向利基产品的三种力量分别是:丰富的产品种类、较低的搜索成本和样本示范。数字出版依托于数字技术的发展,突破了有形物质载体的限制,几乎可以忽略产品存储成本和运输成本。随着各种网络编辑工具的发展,人人都可以成为作者,这使得数字出版比传统出版的内容资源更加具有优势,可以根据少部分人的需求进行图书生产。

可以说,按需出版是数字技术在印刷环节的极好实践。2002 年,知识产权出版社在全国出版界率先开始发起按需出版时,经营模式以项目为主,以个性出版为辅。2004 年至 2005 年上半年间,按需出版业务发展比较好。在这段时间前后,商务印书馆和其他一些出版社也加入按需出版行列,反响良好。然而,从 2005 下半年开始就遇到一些困难,比如行政干预,书号控制严格导致门槛较高,内容数字化进展缓慢,信息化出现技术瓶颈,没有统一行业标准,营销方式单一,按需出版一度遭遇挫折而发展缓慢甚至停滞。

然而,随着数字技术的发展和十几年的摸索,出版界逐渐达成共识,认识到数字技术是解决按需出版重重困难和障碍的关键环节,按需出版“是充分利用数码印刷技术的优势,按照不同时间、地点、数量、内容的需求,通过数字化以及超高速的数字印刷技术为用户提供快速、按需和高度个性化信息服务的新型出版方式"。出版的风险之一是印数。如果印数超过市场预期,就会造成退货或库存,把利润消耗殆尽;反之,供不应求,出现市场断档,错失市场良机。出版业就游走在亏损与盈利的夹缝中。在按需出版技术越来越成熟的今天,不妨把印数风险转移到按需出版上来,即只印刷有充足把握的部分,风险部分留给按需出版加印。相信在追求个性化的当下,因为按需出版而带来的成本上升问题也会被消费者一并接受。

从上游来说,长尾理论在图书领域的应用在体现在参与行业竞争的主体呈现多元化。从巨型出版公司到中小型出版企业、自助出版者等都可以参加竞争。对他们来说,这一模式意味着他们对自己的图书、对如何卖书拥有了更多的参与能力。多元化为理念和实践创新提供了可能。这一点在上文已经叙述,此处不再赘述。

7.3.2 儿童出版产业链横向建设

儿童出版产业横向拓展是儿童出版产业链建设的一种基本形式,它指的是通过儿童出版产品的版权贸易向关联产业延伸,如教育培训、影视动漫,促进与关联产业的融合,以提升出版物产品版权资源开发价值的一种产业链建设方式。在发达国家,往往图书出版企业通过版权贸易创造的价值超过了出版物本身的销售所得。哈利·波特的销售奇迹就是典型案例。

儿童出版产业链的横向拓展是有其理论依据的。2010年,剑桥大学的社会学教授约翰·汤普森在专著《文化商人:二十一世纪的出版业》中阐释了如何通过产业链的多维合作和融合实现出版产品价值最大化。他借鉴布迪厄的场域和资本的概念来探讨出版场域,认为出版产业应该具有经济资本、文化资本、社会资本、象征资本、知识产权资本与人力资本。经济资本是任何产业的基本运作需求,出版产业亦不例外。在出版产业中,人力资本不仅指作者,也包含编辑、作家经纪人、合作的插画家等,而掌握这些人力资源依赖的是社会资本的累积。出版产业以及多数文化产业当中最重要的一环是知识产权资本,因为知识产权内容即为文化产业的核心,握有知识产权才能将内容制作成最后的产品。出版产业的象征资本则是出版商的品牌、编辑的品位和作者的声誉,通常象征资本越多,能掌握其他资本的能力亦越强。

李育菁博士认为,鉴于出版及文化产业的运作成功与否很大程度上取决于消费者的认可度,所以出版产业的场域还应该加上观众资本。这种观点契合按需出版、围绕读者需求开发图书产业链、出版个性化和注重长尾效应的出版产业链发展趋势,具备学理性。

约翰·汤普森认为,在文化产业中,文化经营者并不局限于价值链的某个特定部分,而是分布在各个环节,其产品的生产与发行过程可能重叠并互相牵连。文创企业通常将触角延伸至个别公司之外,水平横向与垂直纵向地跨越价值链的各个环节,坐落在一个由志趣相投的合作伙伴编织成的网络中,其仰赖的不是单一的价值活动,而是由内容创作者的横向合作、供应商及发行商的纵向结盟交织出的价值体系。简而言之,在这个如同场域般的价值体系中,个别文化企业及原创艺术家掌握了其本身具有的资本,在场域中通过联系与交流来支撑商业性的创作工作,通过合作对最终的文化商品服务做层层的加值。原创端的作家掌握的是自身象征资本累积以及知识产权资本的著作权,出版社通过人力资本及经济资本的付出来为作者的原创概念作价值的加值,在这过程中通过作家经纪人的市场炒作,将作家既有的象征资本做更进一步的提升,并吸引更多的观众资本。出版社通过美术编辑及设计等人力资本的投入,化文字为更具吸引力的出版产品。出版商、印刷厂、发行商和书商通过经济资本及人力资本将作者原本抽象的概念转化为书籍并通过不同管道传送到读者面前。

各环节的行动者依据其拥有的资本,通过社会资本积累连结出彼此复杂的关系,在出版产业场域中彼此交互作用,最后生产出读者手上的书籍。连接经纪人、出版商、印刷厂、发行商,然后由发行商铺货到其他销售场所,最后交到消费者手上的这个过程构成出版场域,且供给链等同于价值链,其原因在于每一个供给环节都是为了最终的书籍添加更多的价值,例如编辑的文字修订、美术设计的插图及封面设计、发行商为刺激书籍销售量而举办的营销活动。书籍被这些场域行动者们借由各项资本的交流合作与积累进行了精密的策划,见图 7-1。

出版场域

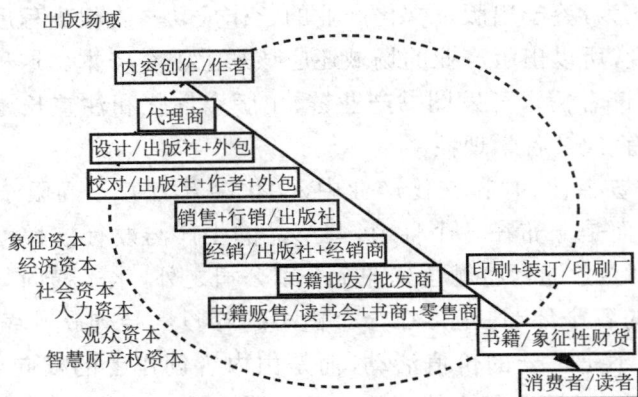

图 7-1　出版场域

出版产业链的横向整合是对现有存量的资源整合。以"图书—报纸—广播—电视—数字多媒体"的横向融合为例，这种融合不仅有利于内容的深度开发和创意的共享，而且能产生范围经济效应、管理协同效应及营运协同效应，从而达到节约交易成本、提高生产效率、提高营利能力的目的。横向联合在扩大生产规模、降低生产成本、形成规模经济的同时，也形成了产业集中，增加了市场实力。基于内容的横向整合还是跨国传媒集团发展的重要形式。

另外，儿童出版业与图书情报业的融合值得呼吁。目前图书出版尽管渠道和媒介层出不穷，然而长期以来形成的行业壁垒和业态分隔造成了网络出版对内容的增值作用尚未能够完全层层递增地传达到最终读者，供给端和需求端互馈不畅现象依旧存在。事实上，出版业和图书馆的服务对象、目标和价值取向是一致的，在一定程度上都属于供给侧。而图书馆员由于经常接触读者，回答他们的咨询，倾听他们的诉求，更了解读者们的需求，是天生的供给端和需求端的桥梁。因此，在欧美国家，图书馆员对图书策划、创作、编辑、出版、发行、流通和推广的全流程都发挥着很大的作用。而我们的图书馆业和出版业业态分隔却依旧十分明显，不管儿童图书市场发展得如何火爆，图书馆员依旧是"安静的"图书管理者和守护者，甚至有的地方连专门为儿童开设的图书馆都没有，对小读者的需求反馈不足，只能靠儿童文学作家个人的感觉和灵感或者出版社对市场的调研和把握进行图书主题策划。在阅读推广环节，也主要由高校学者、出版界业内人士或者专门的阅读推广人推动，图书馆员在图书价值链增值中是普遍缺席的。因此，我国的儿童出版产业乃至整个图书出版产业应该进一步加强与图书馆业的跨界融合,让出版业、网络平台、图情业共同形成一个行业价值链,做好图书出版供给侧和需求侧的无缝对接,在一个价值群中担当不同的角色,共同创造对最终读者的服务价值。

儿童出版产业链的横向拓展还包括儿童出版产业"走出去"的战略。陈昕教授(2017)在《出版经济学研究》中明确指出,新型出版产业是经济全球化的一部分。出版产业的全球价值链是按照企业的公司治理原则形成的。若干核心企业以持股方式介入分散在各国的整个生产过程的诸环节,又经由分包、合资、战略联盟、购入协议等方式与当地企业建立市场或者非市场的联系。出版产业作为内容产业,其生产过程的各个环节分散于不同国家或地区以充分利用各国或者各地的比较优势。现代通讯和管理技术使分散的各个环节保持联系以确保整体效率。价值链的各个环节和程序都要尽量增值,目的是使产品用户以最低成本获得最大价值,使企业以尽可能低的成本取得尽可能大的增值。

7.3.3　儿童出版产业链下游拓展和延伸

儿童出版产业链的下游主要延伸到流通领域,是出版物经过出版流程达到消费者终端的过程,也就是图书发行和销售环节。儿童出版产业链的下游拓展和延伸要致力于建立以内容为核心,纸质出版和数字出版、线上与线下同时发力,辐射知识付费、网络点击、影视剧本与网络游戏改编、海外版权运作等全版权运作的多元营利模式。在儿童出版产业链中,非常值得借鉴的是著名的迪士尼模式,华特·迪士尼是全球衍生品产业链运营最成功企业。立足于完整的产业链,迪士尼以"娱乐循环"的概念构建出一套独有的营利模式——"轮次收入模式",也称作"利润乘数模式",即通过制作并包装源头产品——动画,依托品牌形象,进行成体系的产品与服务研发,打造影视娱乐、主题公园、消费产品、儿童图书音像出版等环环相扣的生产链。迪士尼对衍生消费品有着系统的规划性与前瞻性,在设计电影故事之时就已经开始规划相应的衍生品。国际品牌往往形成联动效应,有了形象和故事,整个周边产品再加上授权产品,就形成了产业链。迪士尼进入中国后,中国没有这样的产业链,它就一部分自己制造、投资做,一部分授权,改造合作伙伴。产品形成互动后,其合力与爆发力,包括对品牌的口碑传播,是单一的图书出版想象不到的。这些都是值得中国儿童出版业借鉴的宝贵经验。

当前中国的儿童出版产业链的下游延伸和拓展可以主要从以下几个方面进行。

首先,童书精细化分类是专业化的延伸、扩展与深化,符合大数据时代产业生态的逻辑。安徽出版集团有限责任公司董事长王亚非(2013)在《大技术与大数据时代坐标下的出版产业》中表示,"以数据为基础,实现科学定位和精细化生产是大数据时代日益突出的产业生态逻辑"。传统的童书出版运营模式往往导致靶向不准,引起资源浪费和运行效率低。而在大数据技术支撑下,可以借助海量数据资源,分析、辨别读者的行为模式、兴趣偏好等,尽可能精准估测读者心理,优化儿童出版主题策划和形式创新,融合新媒体技术,从内容定制化、内容动态化、内容跨界化等方面变革儿童图书产业链的出版流程和生态。

在维果茨基理论的基础上,艾利康宁在《儿童心理学》等著作中系统地提出了儿童心理发展阶段论。他的学生达维多夫进一步发展了这一理论。他们认为儿童的认知心理和行为特征在不同的年龄阶段会呈现出不同的表现。0～1岁的婴儿处于直接的情绪性交往阶段,渐渐产生交往需求、情感与态度的需求,并且形成感知性动作。1～3岁的儿童处在摆弄实物活动阶段,模仿成人操纵物体的行为方式,初步形成实践思维。3～7岁的儿童处于游戏活动阶段,初步形成象征性机能和想象思维,渐渐能够理解一般行为的意义。7～11岁的儿童以基本的学习活动为主,对客观事物的特点和规律逐步形成理性认知,为将来发展抽象思维能力打下基础。11～14岁的儿童进入社会公益活动系统阶段,在集体的活动中发展社会交往的能力和个性特征认知的能力。鉴于儿童在各个年龄阶段的心理特征千变万化,他们的心理需求也在不断发展。按照马斯洛需要层次理论,随着年龄的增长,儿童由最初的吃穿用之类的生理需要逐渐会变为对周围的世界更加充满了好奇和兴奋,更强烈地需要安全感、认同感和归属感,随后他们会更渴望建立友谊、爱别人和被别人关怀。同时,儿童的情感需求因性别不同也有所区分。因为男孩更追求冒险和刺激,崇拜英雄,渴求力量,所以他们往往喜欢阅读更多关于挑战与较量的探险小说。女孩则更细腻,追求梦幻和美丽的事物,因此女孩更倾向于温情的小说。另一方面,一般来说,童书的购买者以家长等成年人为主,购买者和阅读者会有一定程度的分离,这就造成购书的需求和想法会存在差别——家长的意志和想法在童书购买过程中起到了决定性的作用。对于幼儿的家长来说,绘本、启蒙类和儿童文学类图书是首选,而对于已经上学的孩子来说,家长出于教育目的,对于科普/百科的选择偏好更强。购买童书的读者中,女性以 59.04% 的比例占据优势,这与男女性在家庭中的分工有很大的关系。购买童书的用户中,26～35 岁的群体是消费主力,占比高达 52.62%。京东陪伴计划的用户的孩子主要集中在 0～6 岁,这些用户的年龄一般都在 26～35 岁之间,从这个角度看,该年龄段的用户成为消费主力是理所应当的。从各细分品类来看,儿童期刊、儿童文学、励志/成长、笑话/幽默类图书的主要购买群体是 36～45 岁的用户。一般来说,这类用户的孩子已经上学,会偏向于购买教育类的图书。26～35 岁的群体与 36～45 岁的群体购买偏好区别最大的细分品类是玩具书和幼儿启蒙类图书,26～35 岁年龄用户的孩子幼儿居多,更加偏向选择玩具类和幼儿启蒙类图书。

从购买童书的用户受教育程度来看,大学(专科及本科)以 65.90% 的占比排名第一,其次为研究生(硕士及以上),占比为 25.0%。从各细分品类来看,教育程度为大学(专科及本科)的用户也占明显优势,其次为研究生(硕士及以上),京东陪伴计划的用户以一二线城市高学历人群为主,比较重视孩子的教育,进一步促进了童书在高学历人群中的销售。

因此,儿童图书销售方必须需要把握好各个年龄阶段、不同性别儿童的心理状况,同时还要照顾到家长的性别、受教育程度、所在地区等因素对童书市场的影响。知己知彼,方能百战不殆,童书销售方必须通过充分的市场调研,对儿童图书市场在专业化的基础上做进一步的市场精细化分类和读者细分,以便有针对性地为少年儿童提供优质的产品、精准的传播和高效的服务。目前,我们的儿童图书出版在一定程度上仍然比较粗放,对目标读者、目标市场的定位不够清晰、明确,从而有时导致传播、营销的效果不佳,难以达到预期目标。儿童图书销售方可以根据儿童图书类别进行内容分级,坚守儿童本位,有针对性地进行出版选题与策划,生产适销产品,精准传播和营销。细分市场、细分读者正是要有针对性地为不同的少儿读者和家长提供富有个性与特色的产品与服务。我国童书的细分市场具有相对稳定性,但也发生了细微变化。以往儿童文学板块的市场份额常年保持在 40% 左右,2017 年则下滑至 30% 多,不再一家独大。从畅销产品在不同渠道的表现来看,实体渠道以儿童文学类图书为主,卡通绘本漫画类、少儿科普类则在网络渠道优势明显。下一步可以从童书读者、童书类型板块、童书发售渠道的匹配关系上开展更精细化的细长调研和研究,并据此构建适合不同地区、不同家庭背景和不同需求的读者的多维动态营销模式,让儿童图书出版的产业链从单向线状向多元网状发展。

儿童出版产业链在下游的延伸还包括儿童出版销售渠道的多元发展。国家在 1982 年正式提出了"一主三多一少",即以新华书店为主体,多种经济成分、多条流通渠道、多种购销形式并存,减少流转环节的图书发行方针。在这个方针指导下,我国儿童出版的产品到达消费者的渠道主要有五种:新华书店渠道、民营渠道、网上电商渠道、行政或其他垄断渠道、杂货渠道。其中,儿童图书最大的分销渠道是省、市、县三级新华书店,历史悠久,业务成熟,体系完备,资源丰富,在业界积累了良好的口碑和品牌。然而,另一方面由于新华书店成名已久,在新的市场大潮中转舵需要魄力,在新媒体、新业态不断出现的时候就出现了稳重有余而创新不足,企业组织结构框架、产品类型、商业模式都跟不上市场发展的需求。事实上,我国各出版社的图书总发行,从新中国成立到 1985 年之前,一直由全国新华书店代理。新华书店只管经营,不掌握生产。这种生产与经营相分离的发行体制违背了市场规律。到 20 世纪 80 年代初,全国新华书店开始大量库存积压图书,周转失灵,新书订数一落千丈。面对困境,1985 年,国家出版局决定重新理顺产供销三方关系,改革我国图书发行体制。新华书店将图书总发行权移交给出版社,由出版社自主总发行。出版单位实现了编印发一体化,产供销单位真正分清了产、供、销的职能与职责,激发了活力,为后期集团化连锁经营、企业化股份制改造等举措打好了基础。新的时代,新华书店做了一些跨界融合的尝试。2017 年 12 月,新华书店宣布与阿里云进行战略合作,利用阿里云新零售"中台"理念和技术,进行整个业务流程的重构与快速创新。2018 年 4 月 23 日,新华书店网上商城正式上线运营。但是整体而言,新华书店所经营的图书虽然多而全,但是深度不够。以儿童图书为例,过度依赖教材、教辅,而对当今无论家长还是小读者都钟爱的优秀儿童绘本、儿童文学、儿童科幻小说缺乏敏锐的市场嗅觉和反应,对产业链各个环节的增值和融合活力不足。下一步需要认真研究图书产业链的个性特点,用产业化的视角进行集团化、资本化运营,利用科技赋能出版,尽快转型升级产业结构。

国有出版集团依托政策支持和国有背景,拥有人才、版权、品牌、资金、书号等资源优势,尤其是在教材、教辅市场,积累了大量的版权资源,占据垄断地位多年,相比民营书业占据绝对优势。一般说来,与新华书店相比,民营发行渠道的优势在于它市场灵敏度高、机制灵活、市场和服务精准度高、市场细分度高。但是民营企业的共性是大部分规模相对较小,地域局限性强,营销网络覆盖面小,产业链抗风险能力差。由于读者对民营企业的偏见,尤其对于儿童图书,家长选择图书时更加谨慎,更愿意倾向于新华书店等"国"字号发行商,所以民营企业要想成长起来,必须在创作和选题方面凝练特色,打造品牌,改善服务,立足长远。我国的民营发行企业经过几十年的摸爬滚打,凭借对自身产业链各个环节的完善,紧紧围绕读者需求,精准定位和服务,已经赢得了少年儿童读者的认可和出版企业的信任。

民营出版企业已经占据当今中国图书出版行业一半天下,无论是在图书的策划端还是在发行端,民营企业都占有重要地位且发展速度迅猛。全国已形成以综合出版集团公司为主体和分散单一出版社并存的竞争格局。出版集团分为中央级出版集团和地方级出版集团两大阵营。前者为以专业出版、大众出版为主要定位的出版集团,包括以教育出版为主要定位的中国教育出版传媒集团有限公司,以专业出版为主要定位的中国科技出版传媒集团有限公司等;后者多以中小学教材的出版、发行为主要盈利来源,主要代表有江苏凤凰出版传媒股份有限公司、中南出版传媒集团股份有限公司、新华文轩出版传媒股份有限公司等,这些企业同时在大众出版、专业出版领域也占据一定市场地位。民营出版企业也有其优势。首先,民营市场化程度和运营效率更高。民营出版企业多是私有制、股份制企业,产权较为明晰,在市场化驱动下民营出版企业对 IP 资源的争夺意识更强,针对作者能提供各种优厚的激励条件,例如更高的版权费、更多的出版机会、较少的内容限制,也吸引更多的作者与之合作签约。另外,民营出版企业更侧重布局大众出版、数字出版等热门领域。民营书商在传统教材教辅领域不具备政策优势,在利益驱使下,他们普遍更倾向于教辅、大众出版、数字出版等新兴领域。由于民营出版企业所受的公司内部规范限制较少,他们的市场营利能力往往相对更强,这体现为他们对主题的策划和内容的选择会为了更好地迎合大众需求而更加泛娱乐化,更加以市场和利益为导向。同时,民营出版企业大胆进行创新和探索,大力开发 IP 价值,向动漫、影视、游戏等产业上下游延伸,市场空间更大,获得的经济收益也往往更高。

值得注意的是,2018 年 12 月 18 日,中央宣传部会同国家新闻出版广电总局等有关部门和单位拟定的《文化体制改革中经营性文化事业单位转制为企业的规定》中规定,经营性文化事业单位转制为企业,要依法登记为有限责任公司或股份有限公司,同时强调经营性文化企业要始终坚持正确导向和经营方向,坚持国有资本主导地位,积极稳妥推进混合所有制改革,形成有效制衡的公司法人治理结构和灵活高效的市场化经营机制。自此,出版界所谓"事业单位"与"企业单位"的界线消失,出版企业进一步走向市场,全力构建有文化特色的现代企业制度,在市场的大潮中与时俱进,做大做强做优。

网络书店是一种网上的售书平台。十几年前有学者认为网络书店是纸质图书的另一种形式的宣传和销售渠道,读者在网络平台上搜到相关图书信息后,通过网上订购来实现交易,配送和交易的仍然是纸质的实体图书。时至今日,这种观点显然已经落后。克里斯•安德森提出,长尾理论不仅是关于商业的新经济学,也是基于文化的新经济学。长尾的意义在于无限的选择。充足、廉价的传播渠道意味着丰富、廉价和无穷无尽的品种。无限的选择就等于市场的终极细分。长尾经济的销售逻辑告诉我们:销售成本越低,销量就越大。实现这一点要靠长尾"集合器",就是要将数不尽的各类产品和服务集合起来,让他们变得易于寻找。网络图书销售平台就起到"集合器"的作用,用集中化仓储方法降低供应链的成本,利用网站搜索引擎和其他信息优势提供无线产品选择。这样出版产业链中生产、存储和销售环节成本微乎其微,版税只有在产品售出的时候才需支付,真正实现按需出版、即需即制。这一点儿童出版产业链与其他出版产业链存在共性。因此,网络书店对于固守传统的出版商的冲击属于生存还是毁灭的严峻考验。

另外还有利用行业协会、企业培训、图书馆购配书制度、粉丝团队等团体性消费的直销渠道,以及超市、机场、饭店、车站、报刊亭、街头地摊等零散销售终端。篇幅原因,不再展开详述。

7.3.4 案例启示:数字化时代亚马逊图书产业链的扩张

2007 年,第一代亚马逊 Kindle 最先在《新闻周刊》上发布,在数小时之内就被抢购一空,外界当时将第一代 Kindle 称作"阅读界的 iPod"。随后 12 年过去了,随着 Kindle 不断更新换代,亚马逊的电子书销售也以火箭般的速度攀升。除了内置在 Kindle 里的成千上万本免费电子书外,新的电子书价格也从 1 美元起价,与动辄几十上百美元的纸质书相比,十分具有价格优势。事实上,Kindle 发布了才一年,北美地区的电子书销售额就增长到了 1.4 亿美元,是原来的两倍。尽管这个数据和当时 300 亿美元的纸质书销售额相比还微不足道,但发展到 2017 年,电子书的销售就超越了纸质书,不能不说这个速度是惊人的,是人类出版史上一个重大的转折点。当读者们习惯了电子阅读之后,开始有作者先出电子版,后来甚至变成只出电子版,不一定非要出纸质版。电子书没有印刷、装订、运输费用,卖一本和卖一万本都一样,至少不赔钱,因此就可以实现按需出版,生产适合小众读者的利基产品。

在内容编辑方面,亚马逊高薪挖来了很多具有丰富经验的高级编辑人才,如前时代华纳图书业务负责人、出版界传奇人物劳伦斯•克斯博奥姆。至于推广宣传促销,线上卖书的场所就是亚马逊自己的网站,通过浏览购买的历史记录等大数据,亚马逊可以做到出版商无法企及的精准营销。相对于省下闹市区高昂的租金和人员费用,亚马逊的价格可以比线下书店低一大截,对于读者极具吸引力。在出版产业链的下游,大大小小的电子图书零售商、电子阅读器制造商、智能手机、电脑企业也都可以被有效地整合进来。对那些没有能力开设电子书店或者影响力较小的独立书店来说,这一模式给了其进入数字出版市场的机会,对有效吸纳产业链上各个环节入市和价值链的重新整合具有很大的意义。

近几年,亚马逊还致力于开启一个"线上改变线下"时代。自 2015 年起,亚马逊特色的实体书店在西雅图、芝加哥、圣迭戈、波士顿、纽约、旧金山等地先后开张了九家实体书店,并初步实现了盈亏平衡。这些实体书店并不只是简单的网络经营实体化,它是亚马逊建构的由大数据驱动实体经营发生深刻变化的新商业系统生成的开始:依托自己的网络平台及技术研发,将线上经营模式线下实体化,并且使各种实体经营方式与内容相互关联化和战略化,如实体店选址与亚马逊无人机项目以及亚马逊销售、仓储、物流、快递系统之间的复杂关联。亚马逊实体书店不仅让亚马逊品牌、亚马逊风格实现了现实可触的视觉化、体验化,同时还提供了与亚马逊网购平台同步的便捷服务功能,而且为亚马逊的电商体系实体化积累了经验。尽管到目前为止,亚马逊实体书店还是一个尚未完全展开的项目,只是初步实现了盈亏平衡,但这并不妨碍它作为亚马逊实体化运营战略的先行者为亚马逊实体化战略的其他项目提供全方位的借鉴与参考。

7.4 童书出版产业链各环节融合发展

儿童出版产业链的创新是宏观和微观之间，也是整个产业链各环节之间复杂的交互作用的结果。儿童出版产业链的各个环节不是单向、孤立的，恰恰相反，它们是相互交织影响、互为因果的。上下游产业相互扩散，产业之间相互支撑与发展。产业链中大量存在着上下游关系和相互价值的交换，上游环节向下游环节输送产品或服务，下游环节向上游环节反馈信息。大型图书零售企业可以通过价格政策、回款政策、信息反馈等手段来有效平衡产业链各个环节或者企业之间的利润分配体系，从而使整个出版产业链趋向健康和和谐。

从 2018 年的童书销售市场来看，随着童书销售渠道更加多元化和数字化，渠道变革对上游内容生产、产品打造以及营销策略的影响十分明显。这是因为，在整体图书市场进入低增速的大环境下，童书出版人也意识到如果不主动出击，被动坚守阵地已经很难适应市场趋势，面临被市场淘汰风险。下游渠道的变革势必会影响上游生产节奏。渠道变革对上游童书出版内容生产的影响，最突出的便是各渠道投入产品差异化凸显、线上线下版本分离、定制版本增多。

目前，从童书市场来看，单本、平装、低单价的图书在地面渠道消化能力较强。线上渠道产品更多倾向于套装、精装高品质产品，码洋高的同时销售折扣低、返点要求高。而童书出版商逐渐根据渠道的不同特点设计产品形态。2018 年上半年，浙少社为渠道客户定制的小学语文统编教材指定阅读书目《七色花》等 3 个品种在春季开学期发货超 30 万套 1 600 万多码洋；下半年该社乘胜出击，又在秋季开学前及时推出课外读本"小学生名家经典快乐阅读书系"（2～6 年级），线上线下两个版本合计发行 12.3 万套，码洋超过 1 100 万。中信童书在推出《凯叔讲历史》时，也发挥知名 IP 凯叔的流量优势，为线上渠道设计了四色全彩套装，为传统地面渠道设计了经济实惠的单行本，从而实现渠道全覆盖，在短时间内销售超过了 8 万套。

川少社市场拓展部经理曹凯明透露，目前该社定制产品合作较多的是京东、天猫渠道；定制产品在所在渠道的销售占比提升较稳定，但前期需要全方位的营销推广，比如站外的营销（大 V 推荐、公号推广、媒体宣传等）和站内的活动推广（价格促销等）。短期来看，线上价格战愈演愈烈，逼迫商家愿意真正投入精力和费用主推的只有自带流量和独家的产品,定制版会越来越多。

定制版本的增多还有一个体现便是 2018 年诸多童书出版机构纷纷努力挖掘既有资源,对原有内容进行改版和再开发。沈伟忠表示,"改版"是 2018 年浙少社出版工作的关键词之一,最具代表性的便是对沈石溪、杨红樱两大畅销书作家的品牌书系"动物小说大王沈石溪品藏书系""淘气包马小跳"等进行升级改版。而川少社 2018 年的重点动作则是新版"米小圈"的改版提价上市。针对电商和地面渠道,川少社分阶段制定了不同的推广计划。旧版"米小圈"平稳退出市场,新版"米小圈"逐步站稳脚跟,有效规避了常见的市场动荡和风险。

对既有产品进行契合渠道需求的再开发也是童书出版商 2018 年频频使用的招数。例如,中信童书对其 2016 年推出的"法国巨眼丛书"重新进行卖点挖掘,对新媒体和电商做了营销整合,实现流量合并。2018 年 4 月 23 日书香节当日便销售了 2 500 套、14 万册。随后,该系列又加印 2 万套,共计 112 万册。

各渠道尤其是社群、新兴电商渠道需求的多元化,也在影响童书的版权运营方式,出版商需要进一步取得相关的故事改编、课程讲播、IP 开发等更全方位版权,开发配套资源。许海峰表示,自媒体渠道团购后的讲播和课程开发,需要出版社取得产品讲播权和课程开发权。

此外,童书销售渠道对上游的影响还表现在出版机构的运营机制和编辑的工作模式上。童书出版机构开始尝试推出一系列激励政策调动编辑积极性,促进编辑在策划、出版、营销、销售方面的全流程参与,并强化其从读者角度出发的用户思维。胡大为认为,在文化消费升级的大环境下,不仅选题策划要更贴近读者和渠道需求,产品形态、营销方案、推广场景也要更符合读者思维方式。当然,最终接受考验的还是产品本身。

7.5 儿童出版营销方式创新

儿童图书出版业的快速发展与当下互联网时代的创新营销方式有很大关系。例如,京东 2016 年推出的陪伴计划,其注册用户已超过千万,通过对母婴细分人群进行精细化运营,同时与母婴用品、玩具文具、童装童鞋、儿童家具等其他强相关母婴品类进行跨品类打通,有效增强了童书在整个母婴品类中的渗透率,对童书新用户产生、活跃用户增多起到了很大的作用,整体推动了2018年童书销售的大幅提升。童书出版产业已经改变了以前单一的"发行"和"广告"的低端盈利点,转向高端多盈利点的数字增值业务,实现产业的全方位、跨媒体的运营。

7.5.1　全程营销创新

如何让优秀的童书出版读物快捷、便利地传播给终端少儿读者与家长,更好地满足少儿读者与家长的需求呢?随着人们生活观念、方式、场景和环境的改变,消费者购买、消费和使用场景也随之变了,出版方应该随之做出相应调整,根据新零售的特点来创造产品、销售产品和提供相应的服务(售后、增值等)。

营销创新不可或缺。传统的少儿图书传播方式、营销方式效率不高、效果欠佳,已不适应时代的变化与需求。细分市场、细分读者、新媒体传播和大数据应用等让精准传播成为可能,这在客观上为童书出版的营销创新提供了条件。童书出版如何利用网络、新媒体传播信息、营销产品并提供服务是当下各大出版社面临的新课题。如前所述,《哈利·波特》的全程营销模式成为业界典范。全程营销是最新流行的一种销售模式,是一种全新的整合销售与策划同步进行的销售理念。对于图书出版而言,全程营销是指从产业链源头做起,充分调动作者、编辑、制作人、销售方、读者等各方面的积极性,动用多种媒体全方位的市场运作,把营销工作一直做到读者终端,将营销的工作贯彻到整个产品制作线当中。这是一种非常市场化的操作模式。然而市场化不等于完全商业化,尤其对于儿童图书出版产业而言,要实现社会效益和经济效益的双赢,还需通过服务小读者,把握市场走向。

中少社运作引进版《丁丁历险记》丛书,堪称全程营销的经典案例。该丛书的营销策略实施分4个阶段。第一阶段,中少社在图书尚未推出之时,即在媒体上发表声明,广而告之,"丁丁"从此正式落户中国少年儿童出版社。第二阶段,由外到内,制造热点。举办《丁丁历险记》首发式时,美联社、路透社、法新社、沃尔夫社和德国、法国、比利时电视台以及国内的中央电视台、北京电视台、中央人民广播电台等重量级媒体单位均应邀参加,很快形成强大宣传攻势。第三阶段,借力造势,形成高潮。比利时副首相路易·米歇尔即将访华的日子恰逢丛书作者埃尔热的诞辰日,中少社抓住机会,举办首发式,邀请副首相出席,引起媒体热烈回应,形成媒体宣传高潮。第四阶段,将网络营销与常规发行相结合,中少社又接连推出了一系列活动和"丁丁"的其他版本。

7.5.2　童书品牌创新

童书出版和成人图书出版一样,需要打造出版品牌。出版品牌包括作品品牌、作者品牌、编辑品牌、出版机构品牌、作品形象品牌、传播媒体品牌和整体品牌等。一个成熟的图书品牌能为出版企业带来更多的关注度,在一定程度上减少宣传费用,节省企业成本,增加市场收益。出版企业通过创新品牌来引领童书出版可以起到事半功倍的作用,童书出版商通过打造、创新和优化各种品牌,有助于将中国童书出版的影响力推向世界,提升国家文化软实力。同时,品牌还具有强大的延伸功能,可以开发衍生品,实现品牌效应最大化。发达国家的出版经验证明,儿童图书,尤其是卡通动漫类图书是最适宜开发衍生产品的,如斯格拉斯蒂克出版社根据同名卡通读物改编的卡通狗"克里弗德"的卡通形象年销售额达到数万美元。图书品质的高低往往通过图书品牌的知名度和美誉度显现出来。面对种类繁多、琳琅满目的图书,中间商和读者主要依靠图书品牌判断它的品质,决定是否购买,因此图书品牌是出版企业的立身之本。品牌可以产生"强者越强,弱者越弱"的马太效应。据最新统计,目前少儿图书排行榜上的前 50 部作品是前 10 位品牌作家的作品。因此,各出版社都认识到品牌的作用,开始有意识地培养自己的品牌图书、品牌作家,树立品牌形象,开展品牌活动、品牌服务。就消费者更注重产品质量的少儿社来说,更应注重品牌建设。因为其读者对象是少儿,"染于苍则苍,染于黄则黄",作为购买者的父母自然比较慎重,质量可靠、有影响的图书自是第一选择。谈到百科,人们首先会想到英国的 DK 公司,上海少儿出版社的《十万个为什么》,浙江教育出版社的《中国少儿百科全书》等,这就是品牌效应。再如春风文艺出版社 1998 年后开发出的红透全国的《布老虎丛书》,就是专为少年儿童出版的儿童文学系列。据人民网 2003 年9 月 16 日载,《布老虎丛书》品牌的无形资产价值已达人民币 1.2 亿元。再比如接力出版社的"淘气包马小跳"、二十一世纪出版社的"杨红樱校园小说非常系列"、浙江少儿出版社的"冒险小虎队"、江苏少儿出版社的"曹文轩纯美小说系列"等,这些图书品牌增强了出版企业的市场占有率和品牌号召力,获得了较好的经济收益。

7.6 儿童出版产业跨界融合

2018年，出版业最火热的话题是创新融合。2015年3月，国家新闻出版广电总局印发《关于推动传统出版和新兴出版融合发展的指导意见》。该意见指出，出版产业要立足传统，将传统出版的专业采编优势、内容资源优势延伸到新兴出版，推动内容生产向数据化生产、实时生产、用户参与生产转变；运用先进技术，走向网络空间，切实推动传统出版和新兴出版在内容、渠道、平台、经营、管理等方面深度融合，探索和推进出版业务流程数字化改造；建立选题策划、协同编辑、结构化加工、全媒体资源管理等一体化内容生产平台，实现出版内容、技术应用、平台终端、人才队伍的共享融通，形成一体化的组织结构、传播体系和管理机制；综合运用多媒体表现形式，生产满足用户多样化、个性化需求和多终端传播的出版产品；强化用户理念和体验至上的服务意识，既做到按需提供服务、精准推送产品，又做到在互动中服务、在服务中引导，不断增强用户的参与度、关注度和满意度。

2018年，改革开放40周年出版座谈会上，江西出版集团董事长赵东亮表示，改革创新是一项无止境的工作。他以江西出版集团在出版产业发展融合发展方面进行的探索为例，讲到出版产业融合发展的路径主要体现在实现出版与科技融合，出版与资本融合，出版与市场融合。内容与科技融合，就要努力实现由内容产品生产与经营向内容生产运营与服务转变，注重打造平台，实行平台化运营。与资本融合，就要让传统纸质书内容价值评判在体验式延伸的过程中让资本看到，按照内容价值、平台等符合资本运营的规律，把资金存量变成资本，把固定资产变成资本，出版企业的发展空间就会很大。赵东亮表示，传统出版需要好的内容和好的渠道，而未来的数字出版应该需要好的技术、好的资本和好的市场。

出版与科技的融合体现在进入新时代，信息网络技术对出版业产生了革命性影响，出版界进入历史巨变期。传统出版与新技术、新媒体进一步融合，有声读物、AR/VR图书、现代纸书等新型图书不断涌现，专业知识服务与大众知识服务齐头并进，新技术应用日益广泛，智能出版逐渐兴起。以图画书为例，伦纳德·马库斯说过，看电子书也是一种阅读方式，我们不能对此完全否定。在300多年的发展过程中，图画书尺寸和形状都在变化，其中书的形状也可以是故事的一部分。法国图画书《大象巴巴》一开始印刷得很大，因为大象本身就很大，出版社觉得书的大小表达了故事里所讲述的动物的特征。而这些故事放在数码设备上去读的话，就失去了这方面的意义。心理学家证实了孩子在生命最初的三年里是通过感觉和体验来认识世界的，他们触摸、嗅闻、倾听和注视周围的东西。而图书的制作者对书的材质方面更加重视，这也是孩子们感兴趣的地方。当把故事都搬到屏幕上去阅读时，就失去了让孩子们接触并感受这些实物材质的机会。事实上，大数据、区块链、人工智能、物联网及 VR（虚拟现实）、AR（增强现实）、MR（混合现实）"3R"技术等给出版业带来的变革冲击不容小觑。为了给用户提供高质量的阅读体验，图书数据库、电子书、有声书、AR/VR 图书、多媒体电子书、现代纸书等多种图书形态不断涌现。以数字技术为物质核心的"信息网络"正在重塑以出版内容为精神内核的传统出版格局。新媒体、新技术对儿童出版业的冲击是全面而根本性的。数字网络背景下，出版业传统的"边际成本递减"将逐渐为"零边际成本"替代。有学者说，如果目前电子书的关键瓶颈技术得到实质性突破，如终端设备成本降低、屏幕显示技术日臻成熟，则电子书相对于纸质书的成本优势将被无限放大，图书市场的变革将会加剧。面对"数与网"时代的巨大挑战和现实机遇，建立并促进出版与技术的互联互通双向链接已成为当下出版业亟待解决的问题。2018 年，各出版社努力变革各种新的图书形态，具体表现为在以下两方面。第一，有声读物成为传统出版单位转型升级的一个重要方向。2018 年，各出版单位与一些著名的音频平台加强合作，加大了对有声读物和有声读物平台的开发与投资力度。据中国新闻出版研究院 2018 年 4 月发布的调查数据，2017 年，我国两成以上国民有听书习惯。成年国民的听书率为 22.8%，较 2016 年提高了 5.8%。0～17 岁的未成年人听书率也达到了 22.7%。听书已经成为各种阅读方式中增长最快的阅读方式之一。第二，AR 与 VR 图书是未来图书发展的重要形态。它利用二维码技术将相关的音频、视频、虚拟现实内容等与纸书链接在一起，可使人获得一种沉浸式体验。2018 年，《朗读者》《开学第一课》《谢谢了，我的家》《曾国藩》《经典咏流传》等 AR 图书更受关注。

技术和平台给出版融合提供基础条件，但资本助力让它更如虎添翼，真正走向市场。传统出版行业中，耕种越来越难，利润率越来越低，如果不融合发展，一味抱残守缺只会带来产业的消亡。出版业与资本的融合，对企业而言是获得了资金，提升了竞争力；对资本市场乃至对国家的长远发展而言，同样获得了正能量。二者的融合,具有广袤的合作空间、巨大的前景。事实上,图书产业也在努力摸索与资本的融合。"看理想""状元红"、新三板书业第一股"昊福文化"这些都是比较成熟的案例,还有正在走向资本市场,让旅游有品位、有情怀的"遇龙堡"等。2016 年,RAYS 系统适时与资本对接,通过 IP 基金前置购买出版单位衍生数字内容中的 IP 阶段性收益权(不购买版权)方式,吸纳出版社优质内容资源。长江少儿社教辅图书《长江作业本》使用 RAYS 同步配套的纸质图书问题解答、拓展 PDF 课件等,线上运营收益权在武汉知识产权交易所挂牌交易时,吸引多家投资机构竞购,最终卖出688 万元。中南出版传媒集团自 2008 年开始采用全员全冲、线上线下结合、资本与内容结合的形式,走财团式发展道路,同时根植自身,与其他产业合作,取得了较好的成效。

当然,出版企业与资本融合有着其他企业同样的困扰,比如上市就需要信息公开、接受监督、限制关联交易。同时,还有出版行业自身的困难。比如,出版企业如何要保证社会效益优先的前提下兼顾经济效益;国有资本和民营资本的股权应该如何分配;上市的出版企业如何在追求经济利润和保持企业文化属性之中做好平衡。然而,德鲁克说过,任何企业,任何时候,有好的质量、好的服务,才有好的利润。出版企业在提供高质量的产品和服务之后自然而然就能收获利润。西方很多知名出版公司都是上市公司,投资人尤其是新三板这样的股权投资人深谙此道。因此,我们可以解放思想,进一步借资本之力,探索出版与资本融合的创新之路。

过去,我国图书出版企业由于受到政府政策的保护,惰性思维较强,缺乏市场发展的活力。同时,面对风云变幻的国际市场,缺乏世界市场观念与资源融合观念,创新意识和国际竞争力差,甚至在有限的市场资源下各企业之间出现恶性竞争与吞并现象。出版与市场的融合就是要进一步发挥市场机制作用,探索以资本为纽带的出版融合发展之路,发挥行政推动和市场作用双重推动作用;支持传统出版单位控股或参股互联网企业、科技企业,支持出版企业尤其是出版传媒集团跨地区、跨行业、跨媒体、跨所有制兼并重组;在网络出版以及对外专项出版领域,探索实行管理股试点;引导社会力量参与融合项目的技术研发和市场开拓,鼓励支持符合条件的出版企业上市融资,促进金融资本、社会资本与出版资源有效对接;增强传统出版单位的市场竞争意识和能力,健全技术创新激励机制和容错、纠错机制,探索建立股权激励机制。

　　融合出版并不是把出版产业商业模式的几大要素机械地并排放在一起，而是业态再造的过程，出版的产业链、模式都发生了变革，用户体验被提升到核心竞争力层次。融合出版要兼顾内容组合与技术升级，对于出版人来说是一个变革性的挑战，对出版产业来说是一个新选择；对地方出版集团来说，融合出版就是要实现业态迭代，这是产业要求、时代要求。

7.6.1　跨界案例

7.6.1.1　图书零售与家居的跨界

　　最近沈阳的玖伍文化城和宜家家居合作，搞了一场图书零售商与家具、家居零售商新跨界：在玖伍文化城 3 层的儿童绘本馆，建造了一座"儿童阅读森林"。

　　双方之所以能够经过多轮沟通最终达成合作，主要原因在于双方客群高度重合，能够实现品牌的双赢。一方面，宜家家居是国际化的品牌，在全国具有很高的知名度，很多年轻人、亲子家庭客群喜欢在周末到宜家享受美食、挑选便捷且人性化的商品。另一方面是玖伍品牌的影响力和号召力吸引了宜家家居：秉承"阅读文化慢生活"的文化理念和生活方式，玖伍文化城在沈阳当地的年轻人、亲子家庭、中产白领客群中有着极好的口碑，日常的客流量非常大，市场前景好，经过一年多的成功运作，已经成为沈阳的文化地标。同时，双方都非常看重文化，都非常认可对方特有的文化价值，想要借由这次合作带给自己的用户 / 读者一个全新的体验，进而达到双赢。而且这次合作恰逢其时，正是宜家零售中国正式启动第三年"让我们玩在一起"系列公益活动。宜家家居还将"让我们玩在一起"作为宜家家居灵感季的主题，同时倡导"玩"不只是孩子的事，还是人们的一项基本需求，提倡要保护儿童玩的权利和发展。在宜家的各个商场里，都可以看到作为"玩"元素的各式宜家家居的毛绒玩偶，而玖伍文化城的追求的文化价值理念正与此相似，因此双方在该活动中互相提供支持，相得益彰，实现了双赢。

7.6.1.2　出版与教育的融合

　　2018 年末，一篇题为《这块屏幕可能改变命运》的报道引起了社会广泛关注。这篇报道讲的是云南省禄劝县贫困地区的中学通过网络大屏幕投放的形式与著名的成都七中进行上课教学内容的同步。过去的 16 年间，该地区升学率呈现了几十倍的增长，7 000 多名学生考上了大学，更有近百人考取北大清华这样的国内一流大学。尽管在线教育的教学质量如何还需要进一步科学考证，然而毋庸置疑的是，在线教育有助于教育资源跨越时空和地域向贫困地区输入，有利于促进教育信息化和公平化。原国家新闻出版广电总局副局长、中国出版协会常务副理事长邬书林指出，以互联网、大数据、人工智能、区块链等为核心的经济技术已经对包括教育、出版、媒体在内的诸多方面产生了革命性影响，出版、教育、媒体的边界在媒介融合的趋势下正在逐步弱化。众多传统出版企业纷纷投身于在线教育之中，教育出版提供的系统化、规范化、标准化的内容可与在线教育提供的流量化内容相结合，将出版与教育的理念从原来的知识传播向提供知识解决方案转变，这是一个崭新的发展思路。然而，传统出版与在线教育之间究竟应该如何真正联动呢？据统计，教育类纸书每年的市场规模近400亿元，占整个出版行业的60%，不仅在出版产业中占有重要地位，更引领着中国教育的整体发展。华中师范大学考试研究院院长兼华中师范大学学科教学论负责人王后雄认为，利用教育出版为入口，为学生提供内容品质更有保障的在线教育，让每个线上课程的投放都通过出版社编辑的严格审核，有利于克服独立在线教育平台碎片化知识传播的缺陷，提升在线教育的质量。一本普通的教育类图书，如何能变成一本"现代教育纸书"呢？以《帮你算得快》这本书为例，这本书的封面上印制有智能二维码作为在线教育的入口，二维码中匹配了读者交流圈、微课视频、在线题库、延伸阅读等内容服务，学生和家长只需用手机扫码，花费1~3元钱，就可以享受到这些在线服务。二维码中在线教育的内容是与这本教辅图书中的内容精准匹配的，省去了学生网上搜索的时间，又不增加家长额外的经济负担，可以帮助学生夯实课堂内容，补充知识盲点，还可以让学生在读者圈中和同样年级的同学一起讨论课堂问题。同时，这本"现代教育纸书"还能在学生扫描了二维码后，依靠人工智能准确地将学生的阅读轨迹录入系统，根据学生点击的内容与时长，分析他可能存在的知识盲点，并向他投送更多潜在的符合其需求、个人喜好的教育资源。

7.6.2　儿童图书成功营销案例

当下，各大出版机构都在最大限度地抢抓读者眼球，毫无新意等同于放弃市场竞争，所以图书内容、形式和营销方式的创新攻势一波接一波。业界和读者经常会发出"原来图书还能这么玩"的感叹。出版界的"营销"已不局限于新书出版的时间点，品牌造势、跨界合作、日常吸粉，甚至是老书的再次推广，都可以成为营销的引爆点。一系列成功案例证明，只要创意好，任何时间都可能让出版单位赚足眼球。儿童图书出版产业链营销环节的重要性也是不言而喻的。一本成功的畅销书不仅需要内容理念上的创新，还需要在表现形式、装帧设计、功能用途和营销方式等方面进行多角度创新。以湖南少年儿童出版社 2018 年 5 月出版的《企鹅冰书：哪里才是我的家？》为例，该书是国内首次在出版中使用感温热敏油墨的创新型出版物，页面会随着环境温度的变化而变化，如温度在 10℃ 以下，即可清晰看到内容；温度在 10 ~ 20℃ 之间，内容颜色变淡；温度在 20℃ 以上，内容则会消失，页面变成白色。这一系列变化隐喻了冰川融化的现实环境危机，让读者真实感受到全球变暖对气候的深远影响。

再比如，2018 年二十一世纪出版社围绕"老鼠记者"系列《时光之旅》举办了"老鼠记者 2018 意大利时光之旅"亲子游，倡导体验式营销。该活动自策划之初，就受到了业界的广泛关注，读者参与后反馈极佳，对粉丝黏性的增强可谓效果显著。这次游学活动的成功主要基于两方面：一是"老鼠记者"系列在来到中国的 10 年间，打下了牢固的粉丝基础。同时，将旅行定位于"暑期亲子游""暑期游学"等，其超高的性价比以及鲜明的主题性很快凸显出来；二是出版社除了在行程中紧扣书中场景，还专门设计了一套以"意大利时光之旅"为主题的周边赠品，质量精良，限量销售。这种体验式营销，不仅提升了用户的体验感，还极大地加强了"老鼠记者"图书品牌与二十一世纪出版社的品牌影响力。

面对读者日益网络化、碎片化的阅读需求，各大出版机构一手抓内容，一手抓创新，纷纷尝试开展创新融合项目，在融合发展的道路上前行。许多创新项目，如在线课程、知识付费、听书平台，呈爆发式增长，出版机构也在随时根据用户的反馈信息进行调整和优化，相对成熟的项目已初具规模。它们的突出特点在于创新。如华东师范大学出版社推出的儿童早期全媒体教育平台——美慧树全媒体数字平台是基于一套学前教育图书开发的线上线下融合项目，实现了课程图书、电子绘本、课件资源系统、互动白板教学系统、选题系统与订单系统、家园互通系统、交互式智能平板、一体机、移动互联网的无缝对接，覆盖课堂教学、课程管理、家园互动等线上、线下教育等环节，形成了一套针对幼儿园课程教育的软硬一体化解决方案，目前已在多家幼儿园推广应用，为用户提供了教学新思路。依托于美慧树平台，华东师大社的在线教育产品矩阵正在形成。接力出版社打造的天鹅阅读网是中国青少年多媒体阅读推广平台旗下重要的互动型阅读网站。2018年，天鹅阅读网策划了"中国少年儿童安全自护能力报告发布""你是怎样的生存大师——荒野求生技能大测试"等9场大型创意主题阅读活动，完成了50场线上活动，累计参与人数达35万余人，活动的频繁上线大大增加了用户黏性和活跃度，多元化地呈现了接力社图书内容，为用户提供了专业的阅读推荐和阅读指导。

在手机App产品的开发方面，2018年4月新上线的"少年得到"App上线第二天便跃居教育类App免费榜第4位。该产品定位于"专为青少年提供定制化学习服务"，推出了"数学有意思""给孩子的博物学"等付费课程，不仅在商业模式上延续了"得到"的知识付费模式，在资源配备上也有薛兆丰、林欣浩、鲍鹏山、杨早等强大师资力量的加持。区别于市场上同质化严重的阅读App，"少年得到"不仅满足了延伸少儿出版产业链之需，也是顺应融合出版趋势的产物。山东教育出版社打造的在线有声读物出版服务平台"小荷听书"着重为用户提供音频书、专家讲座等个性化音频服务，大大地满足了中小学生快乐成长、素质培养和学科知识积累等多功能需求。目前，"小荷听书"累计用户已超过30万人。同时，山东教育出版社还结合线下"朗读者进校园""朗读大赛"等活动，提高用户参与度，并实现与纸质书的联动，反哺传统出版。另外，还有国内首款专注于青少年阅读的内容产品"掌阅课外书"App也获得较大成功。掌阅科技的内容和版权部门参考研究了大量产品原型，探访了全球67个城市、100多所学校，与大量老师和孩子沟通后才确定了"掌阅课外书"App的优选内容。"掌阅课外书"App已汇聚了来自全球36个国家的2万多种适合青少年的优秀读物，分别按照小学、初中、高中等不同年龄段推荐书籍，大大缓解了老师、家长和孩子关于阅读的困扰，有助于提升青少年的阅读量和阅读能力，培养了孩子的阅读习惯和兴趣爱好。

7.7　长尾理论对儿童出版产业的启示

长尾理论对于数字化时代儿童出版的创新发展具有极好的启示作用。钱德勒（1999）提出工业化有两个原动力：规模经济和范围经济。前者关注的是"分工"，指少品种大规模生产，后者的关注点是"融合"，指小批量多品种生产。规模经济通过规模化生产来降低成本,范围经济则通过丰富的品种来降低成本;前者是传统的工业化生产模式,后者是新兴的信息化生产模式;前者侧重供给方,后者侧重需求侧。简单地说,规模经济就是短头,范围经济就是长尾。长尾理论与范围经济是在丰饶经济学的背景下提出的。丰饶经济学以供给大于需求为基本的预设背景,用户选择是丰饶的,姜奇平表述为"以产品差异化、选择多样化为标志的个性化,终于挣脱了人类数百年来用大规模制造压制个性的工业化传统,走向彻底解放"。2%最热门的产品与98%的冷门产品,所产生的利润是相等的。长尾理论其实就是激活长尾的积极性、丰富用户选择的理论。

　　我国儿童出版产业应该如何处理规模经济与范围经济的关系呢?毫无疑问,最近几年的出版业年度报告告诉我们,畅销书、教材教辅等仍然是目前国内出版业的主要支撑点与热点,大中城市、大卖场依旧是图书出版的主要战场,因此,总体上说当前我国出版业的主流仍是规模经济。2018年,根据开卷的统计,目前对童书市场贡献最大的还是畅销书和品牌书,销售码洋最多的也依旧是知名度较高的童书出版社。2018年,当当网销售码洋达亿元规模的童书供应商达15家,蒲公英童书馆连续三年摘得头筹,与海豚传媒和步印童书馆一起,稳坐2018年前三甲的宝座。2018年,开卷三大畅销书榜单显示少儿类第1名畅销书《夏洛的网》的不同版本累计上榜111次。在发布2018年年度畅销书的同时,开卷发布的2018年最具市场影响力作家依旧是杨红樱,她的上榜作品"杨红樱校园小说"系列、"淘气包马小跳"、"笑猫日记"系列等依旧很受读者欢迎。所有这些都说明,我国目前儿童出版产业依旧是规模经济占主体。

　　但同时,我们也要看到一些新生力量和小众品牌的诞生与发展。除了"小中信"外,中南博集天卷文化传媒有限公司旗下全新童书品牌"小博集"的产品板块分为卡通漫画绘本、少儿国学经典、少儿科普百科和名家匠心读物四大领域,"未读"品牌延伸出来的"未小读",读库的"读小库",后浪的"浪花朵朵",北京尚唐旗下的"尚童童书",北京蟠星图书有限公司旗下的"蟠星童书",广西师范大学出版社青少年图书出版分社(神秘岛)都有不俗表现。未来童书出版业是进一步强化规模经济,埋头于畅销书与教材教辅的生产竞争,还是着眼范围经济,积极扩大可供品种为读者提供更多样更个性的服务呢?事实上,随着互联网的进一步普及与技术更新,出版业的范围经济趋势已经初露端倪。亚马逊、当当网等网络书店的出现，知识产权出版社等按需印刷的推进，韦瑟福德的二手书"集合器"Alibris、孔夫子等二手书市场的繁盛，小众读书网"豆瓣网"等非主流市场的出现，都是范围经济的具体市场表征。网络技术是长尾理论的重要技术支点。与传统网络经济相比，互联网经济的边际成本更小，更具竞争优势。因此，互联网对传统出版业的冲击势不可挡，固守原来规模经济的发展模式违背社会和历史的潮流，必然要被淘汰。我国儿童出版产业若想在未来的国际市场上占领先机，就必须提前投入一定的资本和人力资源，探索和开发范围经济发展模式。

长尾理论对儿童出版产业的启示意义在于，传统出版产业不仅不应该将数字出版、网络自出版等视为洪水猛兽而迎头抵制，反而应该以开放、兼容的姿态主动与新媒体、新技术接轨，借助数字化、网络化的东风激活出版产业的长尾，通过创意和网络，回避同质化的红海，更多开发差异化、低成本的蓝海，大力发展范围经济模式。出版社应拥有尽可能多的图书品种，即足够的动销品种数，在关注 2% 的畅销产品、热门产品的同时，更加注意开发培育 98% 的小众产品，才能在图书长尾的延伸中拥有较为稳定的营利模式，从而获得更加持久的竞争优势。

众所周知，出版社多年的经营和布局的重心一直以来都是放在城市，竞争已经日趋饱和。与之形成鲜明对比的是，农村地区图书数量及种类依旧匮乏，农村市场的潜力尚未得到充分挖掘。以长尾理论来分析，农村市场显然是我国出版业的长尾，城市显然是"短头"部分。农村市场具有鲜明的长尾特点：读者分散、销量不大、需求多样，开发这条长尾的关键在于通过阅读推广提升阅读兴趣、进一步畅通信息渠道与物流通道等。政府最近几年启动的"农家书屋"等工程正在逐步解决物流通道方面的问题。电信、网络、数字电视在农村地区日益普及，信息传播日益通畅。这些对于出版社来说都是利好政策，借助政府部门的优惠政策及外部投资，出版社可以尽早激活农村市场的长尾活力。

对出版业来说，长尾理论的价值不仅在于经济收益，更在于其对儿童出版产业的价值取向的深刻影响。出版产业的机械化大生产，抹煞了精神消费，尤其是儿童读者的精神消费应有的差异性、个体性、生命性，违背了文化消费的规律与本性，将精神消费等同于物质消费，认为它们都是规模化、机械化工业生产链上无生命的重复生产。对于主要滋养青少年读者精神需求的童书出版产业,这是十分危险的。长尾理论恰恰是对精神消费工业化的否定,它尊重读者差异性需求,支持与鼓励作者差异性的表达,肯定人类精神消费特性,必将从更深层次深刻影响出版业的未来发展。

　　长尾理论的"头"和"尾"是可以互相转化的。社会经济与文化变革所导致的消费者需求的变化是"头"与"尾"转化的主要动因之一。如早些年鲜有人问津的儿童性教育图书,最近几年由于频频有儿童性侵案的曝光,激发了越来越多的家长对儿童性教育观念的转变,越来越多的家长意识到儿童性教育不仅很有必要,而且不容拖延。那些能够将家长们"羞于启齿"或者不知道如何讲解的性知识通过巧妙的形式创意性地呈现给儿童的绘本自然就受到家长的欢迎,成功地实现了"尾"的逆袭。"头"与"尾"转化另外一个不容忽视的因素是营销发挥的重要作用。众所周知,大名鼎鼎的《哈利·波特》刚开始并不被出版商看好,但是后期由于优秀营销团队的多元营销手段运作和产业链的成功延伸而成为营销界的传奇。从这些例子中我们可以得出结论,未来的出版机构应该不断完善长尾的营销,才能获取更佳的商业表现。如果选对合适的产品,采用有效的营销手段,则长尾产品一样可以变成头部产品,贡献更多的市场份额。

　　儿童图书出版企业的创新是企业发展生命力所在。即使是已经比较成熟的商业,也必须不断思考,自我更新,自我优化。逆水行舟,不进则退。在当今瞬息万变的社会,一个抱残守缺、故步自封的企业很容易就被市场淘汰,信息时代风口浪尖上的出版企业更是如此。只有与时俱进、敢于突破常规、不断创新的企业才能更长久地生存下去。

第 **8** 章

结　语

　　迈克尔·波特在《国家竞争优势》里表示,在企业寻找竞争优势时,"创新"是其最重要的行动。这里的"创新"是从广义角度阐释的,包括改善技术和改进操作方法。产品的改善和流程的改进以及新的营销观念、促销手段、服务等都属于创新。若是竞争对手无法迅速察觉新的竞争趋势,最先进行创新的企业可能因此改写彼此的竞争态势。一旦进入国际竞争中,创新就必须同时考虑国内和国际两个市场的需求。他还专门提到,"创新的产生"离不开对知识和技术的投资,所以有形的资产和人为的努力都是创新发生必需的条件。

　　以互联网产业化、工业智能化、工业一体化为代表,以人工智能、机器人技术、量子信息技术、虚拟现实以及生物技术为主的第四次工业革命浪潮已初露端倪。随着中国步入中等收入国家行列,传统的经济发展模式已经遇到瓶颈。面对技术革命浪潮更迭这一巨大时代变革,中国必须融入新浪潮,通过自主创新迎接新经济带来的挑战与机遇。事实上,中国的经济增长模式已经进入转型期,经济增长动力已经从"要素驱动""投资驱动"向"创新驱动"转变。新技术、新产品、新业态、新商业模式大量涌现;个性化、多样化消费也逐渐在市场上占据越来越高的比重,要素规模驱动力减弱,人力资本质量和技术进步驱动力增强。我国的经济、科技很多细分领域已经从最初的完全追赶阶段逐渐进入了具有前瞻性、探索性、颠覆性的前沿开拓阶段。据此,2016 年 5 月,中共中央、国务院印发了《创新驱动发展战略纲要》,提出创新驱动发展战略,强调创新是发展的第一动力。习近平总书记在党的十九大报告中再次强调了"创新是引领发展的第一动力,是建设现代化经济体系的战略支撑",依靠创新驱动来实现实现产业结构优化升级。

　　经过 40 年改革开放的高速发展,中国的儿童出版产业虽然与世界发达国家还有相当大的差距,但整体实力已经大大提升。传统上,中国儿童出版产业一直以来采用的发展策略是模仿、引进西方出版产业模式,已经不适合当今。当今世界,创新优势是国家最根本的国际竞争力来源。中国儿童出版产业面临激烈的国际竞争,必须通过创新获得竞争优势,即发挥创新能力,从而获得经济价值链中的优势地位,升级产业结构,才能赶超西方国家。中国儿童出版产业只有增强文化自信,立足原创,在工业革命 4.0 时代大潮下通过创新发展思路和商业模式,敢于跨界融合,注重延长产业链,编织网络化而非单线链条式发展模式,抓住发展机遇,提高质量和效率,走内涵式发展道路,才能在国际儿童图书出版的大舞台上发挥更大作用,从而起到讲好中国故事,提升国家文化软实力,让世界更好地了解中国,让中国更好地走向世界的桥梁作用。

参考文献

[1] A. Greco. The Impact of Horizontal Mergers and Acquisitions on Corporate Concentration in the U. S. Book Publishing Industry: 1989-1994[J]. *Journal of Media Economics*, 1999, 12（3）:165-180.

[2] Barney J B. Firm resource and sustained competitive advantage[J]. *Journal of Management*, 1991（1）: 99.

[3] Buckley PJ, Pass CL, Prescott K. Measures of international competitiveness: A critical survey[J]. *Journal of Marketing Management*, 1988, 4（2）: 175-200.

[4] CHO Dong Sung, Hwy-Chang Moon.From Adam Smith to Michael Porter evolution of competitiveness theory[J]. *World-Scientific*, 2000（5）: 1878-1890.

[5] David Hesmondhalgh. *The Cultural Industries*[M]. London: Sage Publications Ltd., 2002.

[6] Florida, R. *The Rise of the Creative Class*[M]. NY: Basic Books, 2002.

[7] F. Papandrea.Willingness to Pay for Domestic Television Programming [J]. *Journal of Cultural Economics*, 1999, 23（3）: 149-166.

[8] G. A. Peacock. Making Sense of Broadcasting Finance[M] // I. Towse, （ed.）.*Cultural Economics*: *the Arts, the Heritage and the Media Industries*. Cheltenham: Edward Elgur, 1997（1）: 435-448.

[9] G. C. Hiorth-Andersen. A Model of the Danish Book Market[J]. *Journal of Cultural Economics*, 2000, 24（1）: 27-43.

[10] Goodman, Mary, E. ,The Culture of Childhood: Child's-Eye Views of Society and Culture[J]. *American Anthropologist*, 1970.

[11] Heinz Steinert.*Culture Industry*［M］.Oxford：Blackwell Publishing Ltd., 2003.

[12] Howkins, J. *The Creative Economy*: *How People Make Money from Ideas*［M］. London：The Penguin Press, 2001.

[13] James Heibrun & Charlesm Cray. *The Economics of Art and Culture*［M］. Cambridge: Cambridge University Press, 2001.

[14] John Hartley（Editor）. *Creative Industries*［M］. Oxford: Blackwell Publishing Ltd., 2005.

[15] K. Acheson C. Maule. *Much Ado about Culture*: *North American Trade Disputes*［M］. Ann Arbor: University of Michigan Press, 1999.

[16] Michael Morris, MinetSchindehutte, and Jeffery Allen. The entrepreneur's business model: Toward a unified perspective［J］. *Journal of Business Research*, 2003, 58（1）.

[17] Szenberg M, E. Lee. The Structure of the American Book Publishing Industry ［J］. *Journal of Cultural Economics*, 1994, 18（4）: 313-322.

[18] T. Cowen.*In Praise of Commercial Culture* ［M］. Cambridge: Harvard University Press. 1998.

[19] Throsby, C. David, Glenn A. Withers. Strategic Bias and Demand for Public Good: Theory and an Application to the Arts［J］. *Journal of Public Economics*, 1986, 31（3）: 307-321.

[20]［美］彼得·德鲁克. 管理:任务、责任和实践［M］. 余向华，译. 北京：华夏出版社, 2008.

[21]［美］彼得·德鲁克. 管理思想全集［M］. 赵雪章, 编译. 北京：中国长安出版社, 2006.

[22]［美］比尔·卡波达利, 琳恩·杰克森. 迪士尼法则——历久不衰的管理艺术［M］. 蓝毓仁, 李建兴, 艾飞儿等, 译. 台北：英属维京群岛商高宝国际有限公司台湾分公司, 2007.

[23] 卜卫. 媒介与儿童教育［M］. 北京：新世界出版社, 2002.

[24] 班子嫣, 乔东亮. 产业融合背景下的出版产业链整合［J］. 出版发行研究, 2008（07）: 10-14.

[25] 边霞. 儿童的艺术与艺术教育［M］. 南京：江苏教育出版社, 2006.

[26] 陈慧颖, 陈本昌, 徐海峰. 文化创意产业发展的经济学研究［M］. 北京：经济科学出版社, 2012.

[27] 陈昕．出版经济学研究 [M]．上海：格致出版社，2017．

[28] 次菁菁．儿童图书营销策略研究 [D]．保定：河北大学硕士论文，2014．

[29] ［澳］戴维•思罗斯比．经济学与文化 [M]．王志标，张峥嵘，译．北京：中国人民大学出版社，2011．

[30] 单世联．现代性与文化工业 [M]．广州：广东人民出版社，1997．

[31] 范周．关于文化产业供给侧结构性改革的思考 [N]．中国财经报，2016-06-02（007）．

[32] 方卿等．出版产业链研究 [M]．北京：高等教育出版社，2011．

[33] 冯梅．中国文化创意产业发展问题研究 [M]．北京：经济科学出版社，2009．

[34] 范周．五方面提升文化供给侧有效供给 [N]．中国出版传媒商报，2016-06-03（013）．

[35] 方卫平．为儿童文化研究留下一份学术档案——关于《中国儿童文化研究年度报告》[J]．曲靖师范学院学报，2010（5）：91-94．

[36] 龚勤林．论产业链延伸与统筹区域发展 [J]．理论探讨，2004（3）：62-63．

[37] 郭新茹，顾江．基于价值链视角的文化产业赢利模式探析 [J]．现代经济探讨，2009（10）：38-42．

[38] ［美］哈罗德•沃格尔．娱乐经济 [M]．陈智凯，邓旭茹，编译．台北：台湾五南图书出版股份有限公司，2008．

[39] 海飞．黄金出版 [M]．北京：北京时代华文书局，2018．

[40] 海飞．童媒观察 [M]．济南：明天出版社，2005．

[41] 海飞．童书大时代 [M]．合肥：安徽少年儿童出版社，2016．

[42] 海飞．童书海论 [M]．济南：明天出版社，2001．

[43] 韩顺法，杨建龙．文化的经济力量 [M]．北京：中国发展出版社，2014．

[44] 胡惠林．我国文化产业创新体系的若干问题 [J]．学术月刊，2001（11）：59-65．

[45] 花建．产业界面上的文化之舞 [M]．上海：上海人民出版社，2002：45-46．

[46] 花建．文化产业竞争力 [M]．广州：广东人民出版社，2005．

[47] ［美］杰克•齐普斯．童话•儿童•文化产业 [M]．张子樟、陈贞吟，译．台北：（台湾）东方出版社，2006．

[48] ［美］克里斯·安德森．长尾理论［M］．乔江涛，译．北京：中信出版社，2009．

[49] ［英］理查德·豪厄尔斯．视觉文化［M］．葛红兵，译．桂林：广西师范大学出版社，2007．

[50] 李若梅，吴振尘．论儿童文学在动漫作品中的运用［J］．电影评介，2010（07）：19，87．

[51] 厉无畏，王慧敏．创意产业新论［M］．北京：东方出版中心，2009．

[52] 栗学思．商业模式制胜［M］．北京：中国经济出版社，2015．

[53] 练小川．年度国际出版趋势报告·美国／英国分报告［N］．中国出版传媒商报，2018-8-21（007）．

[54] 刘金双．"十三五"时期少儿图书出版的变与不变［J］．出版广角，2015（10）：16-17．

[55] ［美］理查德·佛罗里达．创意阶层的崛起［M］．司徒爱勤，译．北京：中信出版社，2010．

[56] 李学谦．让童书"走出去"回归出版——少儿出版文化使命的实现路径［J］．出版广角，2013（11）：38-39．

[57] 刘刚．基于产业链的知识转移与创新结构研究［J］．商业经济与管理，2005（11）：13-17．

[58] 刘晓东．论儿童文化——兼论儿童文化与成人文化的互补互哺关［J］．华东师范大学学报（教育科学版），2005（02）：28-35．

[59] ［美］迈克尔·波特．国家竞争优势［M］．李明轩，邱如美，译．北京：华夏出版社，2002．

[60] ［美］迈克尔·波特．战略与社会：竞争优势与企业社会责任的联系［J］．哈佛商业评论，2007（11）．

[61] 祁述裕．中国文化产业国际竞争力报告［M］．北京：社会科学文献出版社，2004．

[62] 钱雨．儿童文化论［M］．济南：山东教育出版社，2011．

[63] 盛虎，王冰．图书出版产业链演化与企业投资转型研究［M］．北京：中国财政经济出版社，2007．

[64] 汤锐．商业化趋势中儿童文学的建设［J］．中国出版，2006（06）：35-36．

[65] 韦苇．世界儿童文学史［M］．合肥：安徽教育出版社，2015．

[66] 王冰．产业链演化下图书出版企业投资转型研究 [D]．长沙：中南大学，2013．

[67] 王强，杨根福．出版行业跨媒体创新发展的对策 [J]．中国出版，2008（11）：32-34．

[68] 吴楣．我国出版产业链现状分析 [J]．出版科学，2007（04）：50-55．

[69] ［奥］熊彼特．经济发展理论 [M]．王志标，张峥嵘，译．北京：商务印书馆，1990．

[70] 杨耘．童书出版：商业模式的设计和探讨 [J]．中国图书评论，2009（05）：69-72．

[71] 余人，袁玲．出版与融合：新媒体环境下的出版创新思考 [M]．北京：科学出版社，2017．

[72] 余人．中国少儿出版新进程 [M]．北京：世界图书出版公司，2014．

[73] ［澳］约翰•哈特利．创意产业读本 [M]．曹书乐，包建女，李慧，译．北京：清华大学出版社，2007．

[74] ［英］约翰•霍金斯．创意经济 [M]．洪庆福，孙薇薇，刘茂玲，译．上海：上海三联书店，2006．

[75] ［美］约翰•帕夫利克．新媒体技术——文化和商业前景 [M]．周勇，译．北京：清华大学出版社，2005．

[76] 杨根福．出版产业链的功能效应分析 [J]．中国出版，2009（Z2）：31-33．

[77] ［日］增田弘道．日本动漫产业的商业运作模式 [M]．李希望，译．北京：龙门书局，2012．

[78] ［美］詹姆斯•U.麦克尼尔．儿童市场营销 [M]．张红霞，译．北京：中国市场出版社，2008．

[79] 张弛．大数据时代中国出版产业链的重构 [D]．武汉：华中科技大学，2015．

[80] 张楠．三大出版领域的数字化转型 [J]．出版参考，2011（22）：44．

[81] 朱自强．儿童文学的本质 [M]．北京：二十一世纪出版社，2016．

[82] 朱自强．儿童文学概论 [M]．北京：高等教育出版社，2009．

[83] 朱自强．童书的视界——文学•文化•教育 [M]．北京：接力出版社，2010．

[84] 左惠．文化产品供给论 [M]．北京：经济科学出版社，2009．

[85] 张斌，马斌，张剑渝．创意产业理论研究综述 [J]．经济学动态，2012（10）：87-90．

[86] 张志宏．美国文化产业的概况和发展经验 [M] // 江蓝生，谢绳武．2001～2002 年中国文化产业报告．北京：社科文献出版社，2002．

[87] 郑大庆，张赞，于俊府．产业链整合理论探究 [J]．科技进步与对策，2011（1）：64-68．

[88] 周新生．产业链与产业链打造 [J]．广东社会科学，2006（04）：30-36．

[89] 朱智贤．儿童心理学 [M]．北京：人民教育出版社，2018．

[90] 北京开卷：全面解读中国少儿图书市场趋势和特点 [EB/OL]．[2018-05-09]．https：//www.sohu.com/a/231060395_292883．

[91] 出版人杂志：2017 年，中国少儿图书市场规模已经位居全球第二 [EB/OL]．[2018-11-09]．https：//new.qq.com/omn/20181109/20181109A1SI1I00．

[92] 出版商务周刊：少儿出版人必看：一文了解 2018 行业新趋势！[EB/OL]．[2018-05-07]．http：//3g.163.com/dy/article_cambrian/DH7KOSPG0512DFEN.html#qd=cambrian．

[93] 出版视角：让书"看起来很好吃"——英国最大童书出版商的成功秘诀 [EB/OL]．[2017-09-13]．http://www.sohu.com/a/191764709_99957796．

[94] 湖北网台：拥抱数据对接资本全国教育出版与资本融合发展研讨会成功召开 [EB/OL]．[2017-04-15]．http：//news.hbtv.com.cn/p/629767.html．

[95] 澎湃新闻：童书市场发展迅猛，但少儿出版现在需要慢下来 [EB/OL]．[2018-01-09]．https：//baijiahao.baidu.com/s？ id=1589103973478333965&wfr=spider&for=pc．

[96] 人民网：童书出版大市场不掩老问题未来在本土原创 [EB/OL]．[2018-01-14]．http://media.people.com.cn/n1/2018/0114/c40606-29763198.html．

[97] 人民网：作家曹文轩：儿童是世界上最好的读者但需要引导 [EB/OL]．[2016-11-03]．http://culture.people.com.cn/n1/2016/1103/c22219-28830577.html．

[98] 搜狐：开卷发布：中国图书零售市场趋势报告 [EB/OL]．[2018-01-10]．

https://www.sohu.com/a/215757079_292883

[99] 搜狐:教育观察:让主流优秀少儿读物吸引更多孩子 [EB/OL].[2005-05-25].http://learning.sohu.com/20050525/n225695018.shtml

[100] 搜狐:少儿出版火热时,我们做了一些冷思考……海飞、李学谦、刘海栖、张克文这样说 [EB/OL].[2018-01-16].http://m.sohu.com/a/217119175_740204

[101] 搜狐:有成就,更要有精耕细作的精神 [EB/OL].[2018-11-16].http://www.sohu.com/a/275872062_436399

[102] 现代教育报:2018童书出版三大亮点值得期待 [EB/OL].[2018-01-19].https://jx.ifeng.com/a/20180119/6318141_0.shtml.

[103] 中国产业信息:全球图书出版行业发展现状及行业发展趋势分析 [EB/OL].[2018-04-29].http://www.chyxx.com/industry/201604/411464.html.

[104] 中华人民共和国教育部:国家中长期教育改革和发展规划纲要(2010—2020)[EB/OL].[2010-07-29].http://old.moe.gov.cn/publicfiles/business/htmlfiles/moe/info_list/201407/xxgk_171904.html.

[105] 中公网:最火的童书市场,难觅更多一流原创?[EB/OL].[2018-05-11].http://media.workercn.cn/sites/media/grrb/2018_05/11/GR0501.htm

附　　录

附录一　本书主要外国人名中外文对照表

E. B. 怀特	E. B. White
J. K. 罗琳	J. K. Rowling
阿多诺	Adorn
阿瑟·拉弗阿瑟·拉弗	Arthur Betz Laffer
埃尔热	Hergé
埃丝特·福布斯	Esther Forbes
艾尔弗雷德·D. 钱德勒	Alfred D. Chandler
艾利康宁	Аликаннинг
艾米特	Amit
艾奇逊	Acheson
安德鲁·卡内基	Andrew Carnegie
安迪·C. 普拉特	Andy C. Pratt
安东尼·布朗	Anthony Browne
奥斯特瓦德	Ostenwalder
巴格拉	Bagella
巴罗斯	Barros
鲍莫尔	Baumol
贝尔纳尼克	Berniker
贝克	Baker
贝克	Beaker

彼得·巴克利	Peter J. Buckley
彼得·德鲁克	Peter F. Drucker
彼得·尤斯伯恩	Peter Usborne
毕翠克丝·波特	Beatrix Potter
布朗	Brown
查尔斯·兰蒂	Charles Landry
达维多夫	Василий Васильевич Давыдов
大卫·李嘉图	David Ricardo
大卫·帕金翰	David Buckingham
大卫·思罗斯比	David Throsby
大卫·香农	David Shannon
戴尔·卡内基	Dale Carnegie
东野圭吾	ひがしの けいご
多丽丝·盖茨	Doris Gates
厄苏拉·诺德斯特罗姆	Ursula Nordstrom
菲·哥芬达拉加	V. Govindarajan
费多·洛詹可斯奇	Feodor Rojankovsky
弗吉尼亚·汉密尔顿	Virginia Hamilton
弗朗斯西·霍奇逊·伯纳德	Frances Hodgson Burnett
弗雷德里克·梅切尔	Frederic G. Melcher
盖瑞·布来兹	Gary Blythe
格列柯	Greco
格温多林·布鲁克斯	Gwendolyn Brooks
古德曼	Goodman
哈弗·派乐	Howard Pyle
汉米尔	Hamel
豪瑞斯·斯卡得	Horace Scudder
荷尔德林	Holderlin
贺拉斯	Horace Mann
赫克曼	James J. Heckman
赫约斯－安德森	Hjorth-Andersen

胡尔伯克	Holdbrook
华莱士	Wallance
霍克海默	Horkheimer
贾斯廷·奥康纳	Justin O'connor
角野荣子	かどのえいこ
路德威·白蒙	Ludwig Bemelmans
杰恩·巴尼	Jay B. Barney
今泉忠明	いまいずみただあき
金	Kim
金伯利·雷纳德	Kimberley Reynolds
卡琳	Karin
卡洛斯	Carlos
凯迪克	Caldecott
凯夫	Cave
凯特·道格拉斯·辉格	Kate Douglas Wiggin
考米特	Comes
柯林·米尔斯	Colin Mears
柯文	Cowen
科尔曼	Coleman
克莱顿·克里斯滕森	Clayton Chiristensen
克雷奇默	Kretschmer
克里米斯	Klimis
克里斯·安德森	Chris Anderson
库尔特·威斯	Kurt Wiese
夸美纽斯	Comenius
拉顿	Rutten
劳拉·E. 理查德	Laura E. Richards
雷蒙·布力格	Raymong Briggs
李	Lee
理查德·佛罗里达	Richard Florida
刘易斯·卡罗尔	Lewis Carroll

卢梭	Rousseau
路易·米歇尔	Louis Michel
路易莎·玛丽·埃尔考特	Louisa Mary Alcott
路易丝·博尼诺	Louise Bonino
路易斯·菲茨休	Louise Fitzhugh
路易斯·西蒙	Louise Seaman
伦道夫·凯迪克	Randolph Caldecott
罗伯特	Robert W. Kling
罗伯特·罗素	Robert Lawson
罗伯特·麦克洛斯基	Robert McCloskey
罗杰·米罗	Roger Mello
萝拉·英格斯·怀德	Laura Ingalls Wilder
吉竹伸介	よしたけしんすけ
马堡尼	Mauborgne
马克·吐温	Mark Twain
马克兹	Markids
马特森	Matthyssens
玛格丽特·怀兹·布朗	Margaret Wise Brown
玛格丽特·麦凯德里	Margaret K. McElderry
玛丽·梅普思·道奇	Mary Mapes Dodge
玛丽·诺顿	Mary Norton
玛利娅·蒙台梭利	Maria Montessori
玛莉·荷·艾斯	Marie Hall Ets
玛乔丽·弗拉克	Marjorie Flack
迈克尔·曾伯格	Michael Szenberg
迈克尔·波特	Michael E. Porter
麦克·格雷涅茨	Michael Gregniec
曼罗·里夫	Munro Leaf
毛勒	Maule
米斯卡·比得沙姆	Miska Petersham
莫德·比得沙姆	Maud Petersham

莫里斯·桑达克	Maurice Sendak
墨菲	Murph
木下晋	きのしたすすむ
奈德·恒德夫	Nat Hentoff
南希·拉里克	Nancy Laligne
尼尔·波兹曼	Neil Postman
尼古拉斯·摩尔	Nicholasa Mohr
尼古拉斯·塔克	Nicholas Tucker
帕梅拉·林登·特拉弗斯	P. L. Travers
帕潘德雷亚	Papandrea
帕奇·亚当娜	Paci Adamna
皮考克	Peacock
齐里·安得勒	Siri Andrews
乔·钱德勒·哈里斯	Joel Chandler Harris
让·巴蒂斯特·萨伊	Jean Baptiste Say
让·皮亚杰	Jean Piaget
舒尔茨	Schultz
山姆·麦克布雷尼	Sam McBratney
斯坦格曼	Seiferman
斯坦利·霍尔	Stanley Hall
史蒂夫·凯塞尔	Steve Kessel
深泽将秀	ふかさわまさひで
松居直	まつい ただし
苏斯博士	Dr. Seuss
泰莫斯	Temos
汤米·温格尔	Tomi Ungerer
汤姆斯·巴勒·艾德瑞奇	Thomas Bailey Aldrich
桃乐斯·赖斯罗普	Dorothy P. Lathrop
瓦力·德·邓肯	Wally de Duncan
瓦利斯	Wallis
威廉·布莱克	William Blake
威廉·卡尔·格林	Wilhelm Karl Grimm

维果茨基	Lev Vygotsky
乌申斯基	Константин Дмитриевич Ушинский
肖特	Zott
雅各布·格林	Jacob Ludwig Karl Grimm
亚当·斯密	Adam Smith
亚历山大	Alexander
伊戈尔·欧尼可夫	Igor Oleynikov
伊丽莎白·赖利	Elizabeth Riley
约翰·杜威	John Dewey
约翰·考顿	John Cotton
约翰·洛克	John Locke
约翰·纽伯瑞	John Newbery
约翰·沙恩克	John Shank
约翰·汤普森	John B. Thompson
约翰·伯宁罕	John Burningham
约瑟夫·卡迦与	Yusof Gajah
约瑟夫·熊彼特	Joseph Alois Schumpeter
詹姆斯·U. 麦克尼尔	James U. McNeal
朱迪·布拉姆	Judy Blume

附录二　本书主要外国机构中外文名称对照表

艾阁萌集团	Egmont
巴诺书店	Barnes & Noble
布鲁姆斯伯里出版社	Bloomsbury
波士顿公共图书馆	Boston Public Library
大山	Daesan
儿童图书馆协会	Association for Library Service to Children
福劳特	Follett
国际儿童读物联盟	International Board On Books For Young People（IBBY）

哈珀兄弟出版社	Harper and Brothers
哈珀与罗出版公司	Harper and Row Publishers, Inc.
哈考特出版社	Harcourt
韩国教元集团	Kyowon
好市多	Costco
皇冠	Crown
假日出版社	Holiday House
卡沃德－麦肯	Coward-McCann
兰登书屋	Random House
朗文－格林出版社	Longmans，Green
麦格劳－希尔公司	McGraw-Hill
麦克米伦公司	Macmillan Seaman
美国图书馆儿童服务学会	Association for Library Service to Children – ALSC
尼尔森图书调查公司	Nielsen BookScan
皮尔松公司	Pearson Plc
企鹅出版集团	Penguin Group
图灵版权代理公司	Tuttle-Mori Agency
斯克里内尔书店	Scribner's Bookstore
双日出版社	Doubleday
汤姆斯·科伦威尔出版社	Thomas Y. Crowell
熊津教育文化咨询有限公司	Woongjin ThinkBig
尤斯伯恩公司	Usborne Publishing
维金出版社	Viking Press
艺林堂	YeaRimDang Publishing Co.，Ltd.
英国图书馆与信息注册协会	The Chartered Institute of Library and Information Professionals